学习贯彻习近平新时代中国特色社会主义经济思想
做好“十四五”规划编制和发展改革工作
| 系列丛书 |

中华民族伟大复兴战略全局初步认识

丛书编写组　编著

中国市场出版社
China Market Press
中国计划出版社

· 北京 ·

图书在版编目（CIP）数据

中华民族伟大复兴战略全局初步认识 / 学习贯彻习近平新时代中国特色社会主义经济思想 做好“十四五”规划编制和发展改革工作系列丛书编写组编著. —北京：中国市场出版社有限公司：中国计划出版社，2020.9（2020.11重印）
（学习贯彻习近平新时代中国特色社会主义经济思想 做好“十四五”规划编制和发展改革工作系列丛书）
ISBN 978-7-5092-1994-2

Ⅰ. ①中… Ⅱ. ①学… Ⅲ. ①习近平新时代中国特色社会主义思想－学习参考资料 ②中国特色社会主义－社会主义建设－学习参考资料 Ⅳ. ①D610

中国版本图书馆CIP数据核字（2020）第170740号

中华民族伟大复兴战略全局初步认识

ZHONGHUA MINZU WEIDA FUXING ZHANLÜE QUANJU CHUBU RENSHI

编　　著： 丛书编写组
责任编辑： 郭爱东　宋　涛
装帧设计： 蒋宏工作室

出版发行： 中国市场出版社　中国计划出版社
社　　址： 北京市西城区月坛北小街2号院3号楼（100837）
电　　话：（010）68034118 / 68032104 / 68020340
网　　址： http://www.scpress.cn

印　　刷： 河北鑫兆源印刷有限公司
规　　格： 170mm × 240mm　1/16开本
印　　张： 15.5　**字　　数：** 150千字
版　　次： 2020年9月第1版　**印　　次：** 2020年11月第3次印刷
书　　号： ISBN 978-7-5092-1994-2
定　　价： 38.00元

前 言

为深入学习贯彻习近平新时代中国特色社会主义经济思想，不断提高运用党的创新理论指导实践的能力，编制好“十四五”规划，统筹推进疫情防控和经济社会发展，进一步提升发展改革工作质量和水平，国家发展改革委组织编写了《学习贯彻习近平新时代中国特色社会主义经济思想 做好“十四五”规划编制和发展改革工作》系列丛书。《中华民族伟大复兴战略全局初步认识》为系列丛书之一。

习近平总书记指出，我们比历史上任何时期都更接近中华民族伟大复兴的目标，比历史上任何时期都更有信心、有能力实现这个目标。中华民族伟大复兴凝聚了几代中国人的夙愿，体现了中华民族和中国人民的整体利益，是每一个中华儿女的共同期盼。中国特色社会主义进入新时代，中华民族迎来了从站起来、富起来到强起来的伟大飞跃，迎来了实现伟大复兴的光明前景。习近平总书记关于中华民族伟大复兴战略全局的重要论述指明了新时代中国特色社会主义发展的战略方向，描绘了实现中国梦的宏伟蓝图，提供了社会主义现代化建设的行动指南，凝结了对人类命运共同体建设的思想精华。

本书力图从历史到现实、从国内到国际、从理论到实践全面深刻把握习近平总书记关于中华民族伟大复兴战略全局重要论述的重大理论和实践意义，全面展示中华民族伟大复兴过程中从推翻“三座大山”实现民族独立以来，历经新中国成立开辟历史新纪元、改革开放走向繁荣富强直到进入新时代全面建设社会主义现代化强国，中华民族以更加昂扬的姿态屹立于世界民族之林的时代变迁。

本书共分六章，包括深刻认识习近平总书记关于中华民族伟大复兴战略全局重要论述的重大意义，学习贯彻习近平总书记关于中华民族伟大复兴战略全局重要论述的深刻体会，中华民族伟大复兴征途中取得的辉煌成就，深入分析中华民族伟大复兴战略全局的时代特征，准确把握新时代坚持和发展中国特色社会主义、实现中华民族伟大复兴的总体要求，展望中华民族伟大复兴的光明前景。本书力求做到准确简练，为深入学习贯彻习近平新时代中国特色社会主义经济思想、认识把握中华民族伟大复兴战略全局提供参考。

本书编写组

2020年8月

目　录

第四章

深入分析中华民族伟大复兴战略全局的时代特征

第五章

准确把握新时代坚持和发展中国特色社会主义、实现中华民族伟大复兴的总体要求

第六章

展望中华民族伟大复兴的光明前景

学习贯彻习近平新时代中国特色社会主义经济思想

做好“十四五”规划编制和发展改革工作

系列丛书

第一章

深刻认识习近平总书记关于中华民族伟大复兴战略全局重要论述的重大意义

2019年5月，习近平总书记在主持召开推动中部地区崛起工作座谈会时指出，领导干部要胸怀两个大局，一个是中华民族伟大复兴的战略全局，一个是世界百年未有之大变局，这是我们谋划工作的基本出发点[1]。2020年6月，习近平总书记在主持中央政治局第二十一次集体学习时强调，第一个百年奋斗目标即将胜利实现，我们即将开启全面建设社会主义现代化国家、实现第二个百年奋斗目标的新征程。面对复杂形势和艰巨任务，我们要全面把握世界百年未有之大变局和中华民族伟大复兴战略全局，有力应对重大挑战、抵御重大风险、克服重大阻力、化解重大矛盾，进行具有许多新的历史特点的伟大斗争，实现中华民族伟大复兴，最根本的保证还是党的领导[2]。

习近平总书记以马克思主义政治家、思想家、战略家的非凡理论勇气、卓越政治智慧、强烈使命担当，以“我将无我，不负人

[1]《习近平谈治国理政》第三卷，外文出版社2020年版，第77页。
[2] 在十九届中央政治局第二十一次集体学习时的讲话（2020年6月29日），《人民日报》2020年6月30日。

民”的领袖情怀，应时代之变迁、立时代之潮头、发时代之先声，提出了关于中华民族伟大复兴战略全局的重要论述，是习近平新时代中国特色社会主义思想的重要组成部分，为谋划做好“十四五”和更长一个时期党和国家各项工作提供了指南，为加快建设社会主义现代化强国、实现中华民族伟大复兴提供了重要思想武器。

第一节

指明了新时代中国特色社会主义发展的战略方向

党的十八大以来，习近平总书记提出并深刻阐述了实现中华民族伟大复兴的中国梦，这个14亿中国人民的共同梦想，体现了中国共产党在理论和实践上的伟大创造，镌刻着党的历史担当和使命追求，指明了新时代中国特色社会主义发展的战略方向。认真学习贯彻习近平总书记关于中华民族伟大复兴的重要论述，对于深刻理解和全面把握中华民族伟大复兴战略全局的内涵和实质，坚定信心走中国特色社会主义道路，具有十分重要的历史和现实意义。

一、拓展了我国社会主义现代化建设广阔视野

现代化是人类社会发展的诉求，是国家富强、民族振兴、人民幸福的必经之路。近百年来，中国共产党秉持为中国人民谋幸福、为中华民族谋复兴的初心和使命，艰辛探索出一条适合中国国情的社会主义现代化道路，拓展了发展中国家走向现代化的途径。早在1944年5月，毛泽东同志在中共中央办公厅为陕甘宁边区工厂厂长及职工代表会议举行的招待会上讲话时提出，要中国的民族独立有巩固的保障，就必需工业化。我们共产党是要努力于中国的工业化的[1]。新中国成立后，我国在恢复国民经济的基础上进行了大规模工业化建设，随后在现代工业、现代农业和现代科学文化三个方面对社会主义现代化建设进行了积极探索。1957年3月，毛泽东同志在中国共产党全国宣传工作会议上的讲话中提出，我们一定会建设一个具有现代工业、现代农业和现代科学文化的社会主义国家[2]。1959年12月到1960年2月，在《读〈苏联政治经济学教科书〉的谈话》一文中指出，“建设社会主义，原来要求是工业现代化，农业现代化，科学文化现代化，现在要加上国防现代化”，提出当时发展阶段“四个现代化”的内涵。1960年3

[1]《毛泽东文集》第三卷，人民出版社1996年版，第146页。
[2]《建国以来毛泽东文稿》第六册，中央文献出版社1992年版，第378页。

月，他在同尼泊尔首相柯伊拉腊谈话时说，“就是要安下心来，使我们可以建设我们国家现代化的工业、现代化的农业、现代化的科学文化和现代化的国防”[1]。

改革开放以来，党的十一届三中全会作出了全党把工作着重点转移到社会主义现代化建设上来的重大决策，要求全党、全军和全国各族人民同心同德，进一步发展安定团结的政治局面，并且立即动员起来，鼓足干劲，群策群力，为在20世纪内把我国建设成为社会主义的现代化强国而进行新的长征。中国共产党根据新时期经济社会发展特征和历史经验确立了我国实现社会主义现代化的道路选择。1979年12月，邓小平同志在会见外宾时指出，我们要实现的四个现代化，是中国式的四个现代化。我们的四个现代化的概念，不是像你们那样的现代化的概念，而是“小康之家”。他指出，我们从80年代的第一年开始，就必须一天也不耽误，专心致志地、聚精会神地搞四个现代化建设。中国共产党在现阶段的政治路线，概括地说，就是一心一意地搞四个现代化。这件事情，任何时候都不要受干扰，必须坚定不移地、一心一意地干下去[2]。改革开放以来，党的历次全国代表大会，都对社会主义现代化建设作出战略部署，并在实践探索中取得了加快实现现代化、巩固和发展社会主义的一系列重大成果。

---

[1]《中尼边境要永远和平友好》（1960年3月18日），《毛泽东文集》第八卷，人民出版社1999年版，第163页。

[2]《习近平新时代中国特色社会主义思想学习纲要》，学习出版社2019年版。

党的十八大以来，习近平总书记指出，实现社会主义现代化和中华民族伟大复兴是坚持和发展中国特色社会主义的总任务，要在全面建成小康社会的基础上，分两步走全面建成社会主义现代化强国。习近平总书记指出，现代化的本质是人的现代化，我们要建设的现代化是人与自然和谐共生的现代化，要推进国家治理体系和治理能力现代化，要在坚持以经济建设为中心的同时，全面推进经济建设、政治建设、文化建设、社会建设、生态文明建设，促进现代化建设各个环节、各个方面协调发展。这些重要论述深化了中国共产党对社会主义现代化建设规律的认识，进一步拓展了我国社会主义现代化建设的广阔视野，有力指导和推动了我国社会主义现代化建设迈出坚实步伐。

二、丰富了我国社会主义现代化建设奋斗目标

建成富强民主文明和谐美丽的社会主义现代化强国、实现中华民族伟大复兴，是中国共产党孜孜以求的宏伟目标。中国共产党在不同的历史时期，团结带领人民为民族谋复兴，集中力量进行社会主义现代化建设。1945年，毛泽东同志在党的七大会议上提出，解放后要将中国建设成为一个独立、自由、民主、统一和富强的新国家[1]。1954年，毛泽东同志提出，我们的总目标，是为建设一个

[1]《论联合政府》（1945年4月24日），《毛泽东选集》第三卷，人民出版社1953年版，第979页。

伟大的社会主义国家而奋斗。1964年12月，毛泽东同志在审阅第三届全国人民代表大会第一次会议的政府工作报告时指出，我们不能走世界各国技术发展的老路，跟在别人后面一步一步地爬行。我们必须打破常规，尽量采用先进技术，在一个不太长的时期内，把我国建设成一个社会主义的现代化的强国[1]。根据毛泽东同志的指示，周恩来同志在第三届全国人民代表大会第一次会议上作的政府工作报告中，首次提出了实现“四个现代化”的奋斗目标，即现代工业、现代农业、现代国防、现代科学技术[2]。

改革开放初期，邓小平同志对实现“四个现代化”的内涵标准和发展步骤进行了调整，提出了“中国式的现代化”命题和“小康社会”的具体目标。党的十三大明确提出把我国建设成富强民主文明的社会主义现代化国家，并提出了“三步走”战略设想。即：第一步到1990年，解决温饱问题；第二步到20世纪末，实现小康；第三步到21世纪中叶，达到中等发达国家水平。党的十四大、十五大、十六大继续重申这一奋斗目标。党的十六大提出，要在21世纪头20年全面建设惠及十几亿人口的更高水平的小康社会。党的十七大在十六大确立的全面建设小康社会目标的基础上，提出要增强发展协调性，在优化结构、提高效益、降低消耗、保护环境的基础上，实现人均国内生产总值到2020年比2000

[1]《对政府工作报告稿的批语和修改》（1964年12月13日），《建国以来毛泽东文稿》第十一册，中央文献出版社1996年版，第270页。
[2]《新中国发展面对面》，学习出版社2019年版。

年翻两番，将经济发展指标落实到了人均国内生产总值上。党的十八大基于我国经济社会发展的新形势特别是小康社会建设的实际进程，将“全面建设小康社会”提升为“全面建成小康社会”，并在党的十六大、十七大确立的全面建设小康社会目标的基础上，提出经济持续健康发展、人民民主不断扩大、文化软实力显著增强、人民生活水平全面提高、资源节约型环境友好型社会建设取得重大进展等新的要求，并提出在发展平衡性、协调性、可持续性明显增强的基础上，实现国内生产总值和城乡居民人均收入比2010年翻一番[1]。

党的十八大以来，以习近平同志为核心的党中央坚持以人民为中心的发展思想，丰富和充实了“两个一百年”奋斗目标的内涵。党的十九大提出要把我国建成富强民主文明和谐美丽的社会主义现代化强国，这一表述在“富强民主文明和谐”的基础上增加了“美丽”、将原先的“社会主义现代化国家”表述提升为“社会主义现代化强国”，对我国现代化建设提出了更高要求。党的十九大完整勾画了我国社会主义现代化建设的时间表、路线图，将原定的基本实现现代化时间提前15年，由21世纪中叶提前到2035年，同时丰富提升了第二个百年奋斗目标的内涵，体现了“五位一体”总体布局与现代化建设目标的有机对接，体现了社会主义现代化建设与坚持以人民为中心的发展思想的统一，体现了新时代“两步走”战略

[1]《中国共产党的九十年——改革开放和社会主义建设时期》，中共党史出版社2016年版。

安排的全面性和前瞻性，体现了我国现代化从量的提升到质的飞跃的发展要求。中国共产党对社会主义现代化建设规律和奋斗目标的认识越来越成熟，越来越全面，越来越丰富。

三、明确了我国社会主义现代化建设具体步骤

实现社会主义现代化和中华民族伟大复兴的宏伟蓝图，没有捷径可走，不可能一蹴而就。纵观我国社会主义现代化建设的历史进程，中国共产党不仅根据人民意愿和事业发展需要，不断制定和调整顺应时代要求、符合客观实际、富有感召力的奋斗目标，而且根据阶段性目标完成情况，及时科学地调整战略安排和具体步骤。1964年12月，周恩来同志在第三届全国人民代表大会第一次会议上所作的《政府工作报告》中，提出了“四个现代化”分“两步走”的战略设想，即“从第三个五年计划开始，我国的国民经济发展，可以按两步来考虑：第一步，建立一个独立的比较完整的工业体系和国民经济体系；第二步，全面实现农业、工业、国防和科学技术的现代化，使我国经济走在世界的前列”[1]。1975年，周恩来同志在第四届全国人大一次会议上所作的《政府工作报告》中进一步明确了分“两步走”的具体步骤，“遵照毛主席的指示，三届人大的政府工作报告曾经提出，从第三个五年计划开始，我国国民经济

[1]《周恩来选集》下卷，人民出版社1984年版，第439页。

的发展，可以按两步来设想：第一步，用十五年时间，即在1980年以前，建成一个独立的比较完整的工业体系和国民经济体系；第二步，在本世纪内，全面实现农业、工业、国防和科学技术的现代化，使我国国民经济走在世界的前列。从国内国际的形势看，今后的十年，是实现上述两步设想的关键的十年。在这个时期内，我们不仅要建成一个独立的比较完整的工业体系和国民经济体系，而且要向实现第二步设想的宏伟目标前进”[1]。这个设想得到了全国人民的拥护和全党的一致认同，但由于历史原因，没有得到有效实施。

改革开放后，邓小平同志在“两步走”战略步骤的基础上提出了“三步走”的战略构想，设计了用七十多年、分三步走基本实现社会主义现代化的宏伟蓝图：“本世纪走两步，达到温饱和小康，下个世纪用三十年到五十年时间再走一步，达到中等发达国家的水平。”[2]按照这一构想，党的十三大对我国现代化建设作出战略安排。党的十五大将第三步战略目标进一步细化，提出了“新三步走”的战略部署：第一步，到2010年实现国民生产总值比2000年翻一番，使人民的小康生活更加宽裕，形成比较完善的社会主义市场经济体制；第二步，到建党一百年时，使国民经济更加发展，各项制度更加完善；第三步，到建国一百年时，基本实现现代化，建

[1]《周恩来选集》下卷，人民出版社1984年版，第479页。
[2]《中国共产党的九十年——改革开放和社会主义建设时期》，中共党史出版社2016年版。

成富强民主文明的社会主义国家[1]，这为21世纪我国社会主义现代化建设规划了蓝图。党的十八大在我国社会主义现代化建设“三步走”战略目标基础上，提出了向实现“两个一百年”奋斗目标进军的号召，即到中国共产党成立100年时全面建成小康社会；到新中国成立100年时建成富强民主文明和谐的社会主义现代化国家。

党的十八大以来，以习近平同志为核心的党中央综合分析国际国内形势和我国发展条件，对新时代推进社会主义现代化建设作出新的顶层设计。党的十九大报告提出从2020年到本世纪中叶，在全面建成小康社会的基础上，分两步走全面建成社会主义现代化强国。从全面建成小康社会到基本实现现代化，再到全面建成社会主义现代化强国，是新时代中国特色社会主义发展的战略安排。

第一个阶段，从2020年到2035年，在全面建成小康社会的基础上，再奋斗十五年，基本实现社会主义现代化。到那时，我国经济实力、科技实力将大幅跃升，跻身创新型国家前列；人民平等参与、平等发展权利得到充分保障，法治国家、法治政府、法治社会基本建成，各方面制度更加完善，国家治理体系和治理能力现代化基本实现；社会文明程度达到新的高度，国家文化软实力显著增强，中华文化影响更加广泛深入；人民生活更为宽裕，中等收入

[1]《中国共产党的九十年——改革开放和社会主义建设时期》，中共党史出版社2016年版。

群体比例明显提高，城乡区域发展差距和居民生活水平差距显著缩小，基本公共服务均等化基本实现，全体人民共同富裕迈出坚实步伐；现代社会治理格局基本形成，社会充满活力又和谐有序；生态环境根本好转，美丽中国目标基本实现。

第二个阶段，从2035年到本世纪中叶，在基本实现现代化的基础上，再奋斗十五年，把我国建成富强民主文明和谐美丽的社会主义现代化强国。到那时，我国物质文明、政治文明、精神文明、社会文明、生态文明将全面提升，实现国家治理体系和治理能力现代化，成为综合国力和国际影响力领先的国家，全体人民共同富裕基本实现，我国人民将享有更加幸福安康的生活，中华民族将以更加昂扬的姿态屹立于世界民族之林[1]。

[1]《决胜全面建成小康社会夺取新时代中国特色社会主义伟大胜利》，人民出版社2017年版，第27–29页。

第二节

描绘了实现中国梦的宏伟蓝图

2012年11月，习近平总书记在参观“复兴之路”展览时指出，实现中华民族伟大复兴，就是中华民族近代以来最伟大的梦想[1]。此后，习近平总书记在国内外很多重要场合对中国梦进行了深刻阐述，描绘了实现中国梦的宏伟蓝图。中国梦视野宽广、内涵丰富、意蕴深远，对激励中华儿女为实现中华民族伟大复兴团结奋进产生了强大的号召力和感染力。

[1]《习近平谈治国理政》第一卷，外文出版社2014年版，第36页。

一、中华民族伟大复兴凝聚了几代中国人的夙愿

只有创造过辉煌的民族，才懂得复兴的意义；只有经历过苦难的民族，才对复兴有如此深切的渴望。纵观世界四大文明古国的发展史，古巴比伦、古埃及、古印度的文明都中断过，唯有中华文明源远流长、辉光日新。中华民族在五千多年的文明发展历程中，创造了灿烂的中华文明，为人类文明进步作出了不可磨灭的卓越贡献。近代以后，由于西方列强入侵和封建统治腐败，中国逐渐陷入半殖民地半封建社会的黑暗深渊，中华民族遭受了深重苦难，战乱不已、山河破碎，人民饥寒交迫、备受奴役，遭遇前所未有的生存和发展危机，甚至直面亡国灭种的危险，所遭受的苦难之重、付出的牺牲之大，世界罕见。

然而，自强不息的中国人民从不屈服，不断奋起抗争，为了实现民族复兴，亿万人魂牵梦萦，几代人上下求索，无数仁人志士进行了千辛万苦的探索和不屈不挠的斗争。但是，从太平天国运动、戊戌变法到义和团运动，一次次奋起抗争都失败了。孙中山先生领导的辛亥革命，虽然结束了统治中国几千年的君主专制制度，对推动中国社会进步具有重大意义，但依然未能改变旧中国半殖民地半封建的社会性质和中国人民的悲惨命运。近代中国历史表明，旧式农民战争和软弱的资产阶级革命都不可能完成中华民族救亡图存和反帝反封建的历史任务，更不可能承担起实现

民族复兴的历史使命[1]。

实现中华民族伟大复兴是近代以来中华民族最伟大的梦想，谁能够承担起这个历史使命，谁就能赢得中国各民族人民的衷心拥护，成为中华民族复兴的主心骨。在历史的反复比较中，在各种政治力量的反复较量中，在马克思列宁主义同中国工人运动的结合过程中，中国共产党应运而生。中国共产党一经成立，就义无反顾肩负起实现中华民族伟大复兴的历史使命。在近百年波澜壮阔的历史进程中，无论是弱小还是强大，无论是顺境还是逆境，一代又一代中国共产党人同中国人民接续奋斗，攻克了一个又一个看似不可攻克的难关，创造了一个又一个彪炳史册的人间奇迹。中国共产党领导中国人民取得的伟大胜利，使具有五千多年文明历史的中华民族全面迈向现代化，让中华文明在现代化进程中焕发出新的蓬勃生机；使具有五百年历史的社会主义主张在世界上人口最多的国家成功开辟出具有高度现实性和可行性的正确道路，让科学社会主义在21世纪焕发出新的蓬勃生机；使具有七十多年历史的新中国建设取得举世瞩目的成就，中国这个世界上最大的发展中国家在短短几十年里摆脱贫困并跃升为世界第二大经济体，创造了人类社会历史上惊天动地的发展奇迹，使中华民族焕发出新的蓬勃生机。

习近平总书记指出，建成社会主义现代化强国，实现中华民

[1]《习近平新时代中国特色社会主义思想学习纲要》，学习出版社2019年版。

族伟大复兴，是一场接力跑，我们要一棒接着一棒跑下去，每一代人都要为下一代人跑出一个好成绩[1]。中华民族从百折不挠的奋斗中迎来了从站起来、富起来到强起来的伟大飞跃。中国革命、建设、改革取得的伟大成就，是一代又一代中国人顽强拼搏、接力奋斗创造的，是一代又一代中国共产党人同中国人民接续奋斗的结果。实现中华民族伟大复兴是一项光荣而艰巨的伟大事业，把我国建设成为社会主义现代化强国，是一项光荣而艰巨的长期任务，需要一代又一代中国人共同为之努力，承前启后、继往开来。当前，我们比历史上任何时期都更接近、更有信心和能力实现中华民族伟大复兴的目标。我们有坚强决心、坚定意志、坚实国力应对挑战，有足够的底气、能力、智慧战胜各种风险考验，任何国家任何人都不能阻挡中华民族实现伟大复兴的历史步伐。

二、中华民族伟大复兴体现了中华民族和中国人民的整体利益

习近平总书记指出，中国梦是中国人民的共同梦想，是中国各族人民的共同愿景，是每一个中华儿女的共同期盼。中国梦把国家的追求、民族的向往、人民的期盼融为一体，体现了

[1] 在庆祝改革开放40周年大会上的讲话（2018年12月18日），《人民日报》2018年12月19日。

中华民族和中国人民的整体利益，表达了每一个中华儿女的共同愿景，反映了中华民族的“共同利益”“共同理想”“共同追求”“共同期盼”。实现中华民族伟大复兴是要造福全体人民，使人民有更好的教育、更稳定的工作、更满意的收入、更可靠的社会保障、更高水平的医疗卫生服务、更舒适的居住条件、更优美的环境。正是实现中华民族伟大复兴这一共同梦想，才把国家、民族和个人连接为一个荣辱与共的命运共同体。只有这面旗帜，才能巩固全国各族人民大团结，加强海内外中华儿女大团结，齐心协力走向中华民族伟大复兴的光明前景。

中国特色社会主义进入新时代，开启了全面建设社会主义现代化国家、实现中华民族伟大复兴新征程。中华民族伟大复兴集中体现了中华民族和中国人民的整体利益、根本利益，是民族、国家的整体利益与个人利益的统一。中国梦就是要让每个人获得发展自我和奉献社会的机会，共同享有人生出彩的机会，共同享有梦想成真的机会，共同享有同祖国和时代一起成长与进步的机会。只要每个人都把人生理想融入国家和民族的伟大梦想之中，把小我融入大我，敢于有梦、勇于追梦、勤于圆梦，就会汇聚起实现中国梦的强大力量。实现中华民族伟大复兴是海内外中华儿女的共同梦想，要团结一切可以团结的力量，共担民族复兴的责任，共享民族复兴的荣耀。

中华民族一家亲，同心共筑中国梦。加强中华民族大团结，铸牢中华民族共同体意识，加强各民族交往交流交融，促进各民族像石榴籽一样紧紧拥抱在一起，共同团结奋斗、共同繁荣发展，是实现中华民族伟大复兴的根本保证。要把建设各民族共有精神家园作为战略任务来抓，抓好爱国主义教育这一课，把爱我中华的种子埋在每个孩子的心灵深处，让社会主义核心价值观在祖国下一代的心田生根发芽。弘扬和保护各民族传统文化，要去粗取精、推陈出新，努力实现创造性转化和创新性发展。把各族人民对美好生活的向往作为奋斗目标，确保少数民族和民族地区同全国一道实现全面小康和现代化。中华民族是一个大家庭，一家人都要过上好日子。没有民族地区的全面小康和现代化，就没有全国的全面小康和现代化[1]。要加快少数民族和民族地区发展，推进基本公共服务均等化，提高把“绿水青山”转变为“金山银山”的能力，让改革发展成果更多更公平惠及各族人民，不断增强各族人民的获得感、幸福感、安全感。要完善差别化的区域政策，优化转移支付和对口支援机制，实施好促进民族地区和人口较少民族发展、兴边富民行动等规划，谋划好“十四五”时期少数民族和民族地区发展，让各族人民共创美好未来、共享中华民族新的光荣和梦想。

[1] 在全国民族团结进步表彰大会上的讲话（2019年9月27日），《人民日报》2019年9月28日。

三、中国共产党义无反顾肩负起中华民族伟大复兴历史使命

实现中华民族伟大复兴凝结着无数仁人志士的不懈努力，承载着全体中华儿女的共同向往，昭示着国家富强、民族振兴、人民幸福的美好前景。中国共产党一经成立，就本着对历史、对人民、对民族高度负责的态度，把实现共产主义作为党的最高理想和最终目标，义无反顾肩负起实现中华民族伟大复兴的历史使命，成为挽救民族危亡、实现民族复兴的主心骨。中国共产党团结带领人民经过28年浴血奋战，胜利完成了新民主主义革命，推翻了压在中国人民头上的帝国主义、封建主义、官僚资本主义三座大山，建立了中华人民共和国，实现了中国从几千年封建专制政治向人民民主的伟大飞跃——“中国人民从此站起来了”。新中国成立后，中国共产党团结带领人民进行了社会主义改造，确立了社会主义基本制度，推进了社会主义建设，完成了中华民族有史以来最为广泛而深刻的社会变革，为当代中国一切发展进步奠定了根本政治前提和制度基础。党的十一届三中全会以来，中国共产党团结带领人民进行改革开放新的伟大革命，开辟了中国特色社会主义道路，极大地解放和发展了社会生产力，增强了综合国力，提高了人民生活水平，实现了从温饱不足到总体小康再向全面小康迈进的跨越。

党的十八大以来，以习近平同志为核心的党中央举旗定向、运

筹帷幄，以巨大的政治勇气和强烈的责任担当，统筹推进“五位一体”总体布局、协调推进“四个全面”战略布局，解决了许多长期想解决而没有解决的难题，办成了许多过去想办而没有办成的大事，推动党和国家事业发生历史性变革，中国特色社会主义进入了新时代。党的十九大报告提出，中国特色社会主义迎来了实现中华民族伟大复兴的光明前景。实现中华民族伟大复兴的中国梦是新时代中国共产党人的崇高历史使命，是以习近平同志为核心的党中央对全体人民的庄严承诺，是党和国家面向未来的政治宣言，充分体现了中国共产党高度的历史担当和使命追求，为坚持和发展中国特色社会主义注入了崭新内涵。在新时代，中国共产党人必须以更加强烈的责任意识和担当精神，更加自觉地增强“四个自信”，团结带领中国人民进行伟大斗争、建设伟大工程、推进伟大事业、实现伟大梦想，在实现中华民族伟大复兴的征程上担负起义不容辞的历史使命，奋力谱写全面建设社会主义现代化国家新征程的壮丽篇章。

第三节

提供了社会主义现代化建设的行动指南

我们所处的时代是催人奋进的伟大时代，我们进行的事业是前无古人的伟大事业，我们正在从事的中国特色社会主义事业是全体人民的共同事业。习近平总书记关于中华民族伟大复兴战略全局的重要论述，顺应时代和实践发展对党和国家工作的新要求，紧紧抓住党和国家事业发展亟待解决的全局性战略性重大问题，创造性地提出了事关党和国家长远发展的战略目标和战略举措，为实现“两个一百年”奋斗目标、实现中华民族伟大复兴、建设社会主义现代化强国提供了重要保障。

一、引领党和国家事业发展方向

当代中国正处于近代以来最好的发展时期。在新中国成立以来特别是改革开放以来取得的重大成就基础上，我国发展站到了新的历史起点上。社会生产力水平总体上显著提高，国家经济实力、科技实力、国防实力、综合国力、国际影响力显著提升。我国具备过去难以想象的良好发展条件，但也面临着许多前所未有的困难和挑战。以习近平同志为核心的党中央，以巨大的政治勇气和强烈的责任担当，提出一系列新理念新思想新战略，出台一系列重大方针政策，推出一系列重大举措，推进一系列重大工作，解决了许多长期想解决而没有解决的难题，办成了许多过去想办而没有办成的大事，推动党和国家事业取得历史性成就、发生历史性变革。

党的十八大以来，党和国家事业之所以取得全方位、开创性历史成就，发生深层次、根本性历史变革，根本在于以习近平同志为核心的党中央的坚强领导，在于习近平新时代中国特色社会主义思想的科学指导。习近平新时代中国特色社会主义思想是对马克思列宁主义、毛泽东思想、邓小平理论、“三个代表”重要思想、科学发展观的继承和发展，是马克思主义中国化的最新成果，是党和人民实践经验和集体智慧的结晶，是中国特色社会主义理论体系的重要组成部分，是全党全国人民为实现中华民族伟大复兴而奋斗的行动指南，必须长期坚持并不断发展。

习近平新时代中国特色社会主义思想涵盖新时代坚持和发展中国特色社会主义的总目标、总任务、总体布局、战略布局和发展方向、发展方式、发展动力、战略步骤、外部条件、政治保证等基本问题，并根据新的实践对经济、政治、法治、科技、文化、教育、民生、民族、宗教、社会、生态文明、国家安全、国防和军队、“一国两制”和祖国统一、统一战线、外交、党的建设等各方面作出新的理论概括和战略指引，是国家政治生活和社会生活的根本指针。当前，我们正处在实现“两个一百年”奋斗目标的历史交汇期。这是一个船到中流浪更急、人到半山路更陡的时候，面临的使命更光荣、任务更艰巨、挑战更严峻、工作更伟大。我们已经走过千山万水，但仍需跋山涉水。必须高举中国特色社会主义伟大旗帜，在以习近平同志为核心的党中央的坚强领导下，坚持用习近平新时代中国特色社会主义思想武装头脑、指导实践、推动工作，把全社会各方面的智慧和力量汇聚到中国特色社会主义事业的伟大实践中来，形成万众一心、无坚不摧、无往不胜的磅礴力量，推动党和国家事业始终沿着正确方向前进，确保如期建成富强民主文明和谐美丽的社会主义现代化强国，实现中华民族伟大复兴的中国梦。

二、引领党和国家事业发展战略

战略既规划当前走向，又描画未来蓝图，是谋全局、管长远的。为实现中华民族伟大复兴的宏伟奋斗目标，在习近平新时代中国特色社会主义思想指引下，中国共产党提出并实施了一系列关系党和国家事业发展全局的重大战略部署，提出并形成了全面建成小康社会、全面深化改革、全面依法治国、全面从严治党的战略布局，立足治国理政全局，抓住改革发展稳定关键，统领中国发展总纲，确立了新形势下党和国家各项工作的战略谋划和主攻方向。“四个全面”战略布局既提出了宏伟远大的战略蓝图，也明确了系统务实的具体举措，既着眼于中国特色社会主义伟大事业，又着眼于党的建设新的伟大工程，抓住全面从严治党这个关键，指明了坚持和发展中国特色社会主义的总抓手，丰富了改革开放和现代化建设的顶层设计，为实现中华民族伟大复兴中国梦提供了强大支撑，因而是中国共产党执政兴国的行动纲领。

党的十九大对党和国家各项事业发展作出了全面战略部署，主要包括坚定实施科教兴国战略、人才强国战略、创新驱动发展战略、乡村振兴战略、区域协调发展战略、可持续发展战略、军民融合发展战略，还包括改革发展稳定、内政外交国防、治党治国治军等各领域各方面的战略部署。比如，提出完善和发展中国特色社会主义制度、推进国家治理体系和治理能力现代化，指明了新形势下全面深化改革的总目标，实现了改革理论和制度创新的重大突破；提出坚定文化自信、建设具有强大凝聚力和引领力的社会主义意识形态，指明了意识形态建设的目标任务和基本原则，牢牢掌握了意识形态工作领导权；作出了坚持和完善中国特色社会主义制度、推进国家治理体系和治理能力现代化的战略部署，紧紧围绕国家治理现代化进行制度设计和制度安排，对党和国家事业发展具有根本意义、全局意义、长远意义。这些具有全局性、长远性、根本性的思想创见，不但在理论上实现了重大突破，而且引领实践取得了重大发展。

特别要指出的是，以习近平同志为核心的党中央站在时代和全局的战略高度，运筹帷幄、周密擘画，对关系党和国家发展全局的重大问题，顺时应势作出高瞻远瞩、务实管用的战略安排。比如，提出并实施了京津冀协同发展、长江经济带发展、粤港澳大湾区建设、海南全面深化改革开放、长三角一体化发展、黄河流域生态保护和高质量发展等重大国家区域战略。这些重大创新性战略安排，既目标高远、鼓舞人心，又突出重点、切实可行，为稳步推进党和国家事业蓬勃发展指引方向，是全面建设社会主义现代化强国、实现中华民族伟大复兴的顶层设计和制度保障。“十四五”时期是我国开启全面建设社会主义现代化国家新征程的第一个五年，谋划好“十四五”时期发展十分重要。面对现代化建设新局面新任务新要求，要以习近平新时代中国特色社会主义思想为指导，做好“十四五”规划编制工作，努力编制出符合人民意愿、富有时代特征、开启现代化建设新局面的高质量规划，更好发挥国家发展规划战略导向作用，不断推动全面建设社会主义现代化国家部署落到实处。

三、引领党和国家事业发展路径

道路决定命运，道路就是党的生命。习近平总书记指出，当代中国的伟大社会变革，不是简单延续我国历史文化的母版，不是简单套用马克思主义经典作家设想的模板，不是其他国家社会主义实践的再版，也不是国外现代化发展的翻版[1]。实现中国梦必须走中国道路、弘扬中国精神、凝聚中国力量。这为中国共产党团结带领人民继续把中国特色社会主义事业推向前进，为实现中华民族伟大复兴的中国梦而努力奋斗指明了方向。实现中国梦必须走中国道路，这就是中国特色社会主义道路。没有正确的道路，再美好的愿景、再伟大的梦想，都不能实现。

中国特色社会主义这条道路来之不易，它是在改革开放四十多年的伟大实践中走出来的，是在中华人民共和国成立七十多年的持续探索中走出来的，是在对近代以来中华民族发展历程的深刻总结中走出来的，是在对中华民族五千多年悠久文明的传承中走出来的，也是科学社会主义理论逻辑和中国社会发展历史逻辑的辩证统一，具有深厚的历史渊源和广泛的现实基础。历史和现实充分证明，无论是封闭僵化的老路，还是改旗易帜的邪路，都是绝路、死路。只有中国特色社会主义道路才能稳定中国、发展中国，这是一条通

[1]《习近平谈治国理政》第一卷，外文出版社2017年版，第344页。

往复兴梦想的康庄大道、人间正道。这条路，走得通、走得对、走得好。中华民族是具有非凡创造力的民族，我们创造了伟大的中华文明，我们也能够继续拓展和走好适合中国国情的发展道路。

面向未来，中国特色社会主义道路是实现社会主义现代化、创造人民美好生活的必由之路，也是实现中华民族伟大复兴的必由之路。这一道路，既坚持以经济建设为中心，又全面推进经济、政治、文化、社会、生态文明建设以及其他各方面建设；既坚持四项基本原则，又坚持改革开放；既不断解放和发展社会生产力，又逐步实现全体人民共同富裕、促进人的全面发展。只有这条道路而没有别的道路，能够引领中国进步、增进人民福祉、实现民族复兴。中国特色社会主义这条道路，我们看准了、认定了，必须坚定不移走下去。要始终保持清醒坚定，保持强大前进定力，既不走封闭僵化的老路，也不走改旗易帜的邪路，不为任何风险所惧，不为任何干扰所惑，真正做到“千磨万击还坚劲，任尔东西南北风”，推动中国特色社会主义道路越走越宽广，不断开创党和国家事业发展新局面。

四、引领党和国家事业发展实践

新时代孕育新思想，新思想指导新实践。党的十九大报告中指出，实践没有止境，理论创新也没有止境。世界每时每刻都在发生变化，中国也每时每刻都在发生变化，我们必须在理论上跟上时代，不断认识规律，不断推进理论创新、实践创新、制度创新、文化创新以及其他各方面创新。全党要深刻领会新时代中国特色社会主义思想的精神实质和丰富内涵，在各项工作中全面准确贯彻落实。全党同志必须全面贯彻党的基本理论、基本路线、基本方略，更好引领党和人民事业发展[1]。中国特色社会主义事业作为前无古人的开创性事业，前进道路不可能一帆风顺。经过几十年的理论和实践探索，我们对社会主义的认识，对中国特色社会主义规律的把握，已经达到了新的高度。同时也要看到，我国社会主义还处在初级阶段，我们还面临很多没有弄清楚的问题和待解的难题，对许多重大问题的认识和处理都还处在不断深化的过程之中。事业越发展、改革越深入，新情况新问题就会越多，面临的风险和挑战就会越多，面对的不可预料的事情就会越多。我们要深刻认识我国社会主要矛盾发展变化带来的新特征新要求，增强机遇意识和风险意识，把握发展规律，发扬斗争精神，善于在危机中育新机、于变局中开新局，抓住机遇，应对挑战，趋利避害，奋勇前进。

当前和今后一个时期，我国发展仍然处于战略机遇期，但机遇和挑战都有新的变化。当今世界正经历百年未有之大变局，和平与发展仍然是时代主题，同时国际环境日趋复杂，不稳定性不确定性明显增强。我国已进入高质量发展阶段，发展具有多方面优势和条

[1]《决胜全面建成小康社会夺取新时代中国特色社会主义伟大胜利》，人民出版社2017年版，第26页。

件，同时发展不平衡不充分问题仍然突出。必须坚持以习近平新时代中国特色社会主义思想为指导，在实践中奋勇开拓、深化发展，不断丰富中国特色社会主义的实践特色、理论特色、民族特色、时代特色，锐意进取、大胆探索，不断有所发现、有所创造、有所前进，扎扎实实推进党和国家事业发展的重大战略、重大任务、重大工作，撸起袖子加油干，一茬接着一茬干，一年接着一年拼，推动发展改革各项工作跃上新台阶，不断开创党和国家各项事业新局面，一步步把中华民族伟大复兴的中国梦变为现实，奋力谱写新时代中国特色社会主义的伟大历史篇章。

更应看到，“十四五”时期是我国全面建成小康社会、实现第一个百年奋斗目标之后，乘势而上开启全面建设社会主义现代化国家新征程、向第二个百年奋斗目标进军的第一个五年。推动“十四五”时期我国经济社会发展，必须高举中国特色社会主义伟大旗帜，深入贯彻党的十九大和十九届二中、三中、四中全会精神，坚持以马克思列宁主义、毛泽东思想、邓小平理论、“三个代表”重要思想、科学发展观、习近平新时代中国特色社会主义思想为指导，全面贯彻党的基本理论、基本路线、基本方略，坚定不移贯彻新发展理念，统筹发展和安全，推进国家治理体系和治理能力现代化，实现经济行稳致远、社会安定和谐，为全面建设社会主义现代化国家开好局、起好步。

第四节

凝结了构建人类命运共同体的思想精华

伟大时代孕育伟大理论，伟大理论蕴含伟大力量。习近平总书记关于中华民族伟大复兴战略全局的重要论述，积极倡导推动构建人类命运共同体，把古往今来对人类社会发展规律的认识升华到了全新的高度，反映了中外优秀文化和全人类共同价值追求，指明了世界发展和人类未来的前进方向，既是推动人类文明进步的重要思想武器，也为推动全球治理体系改革和建设提供了中国智慧和中国方案。

一、推动人类文明进步的重要思想武器

人类只有一个地球，各国共处一个世界。地球是人类的共同

家园，也是人类到目前为止唯一的家园。习近平总书记指出，人类生活在同一个地球村里，生活在历史和现实交汇的同一个时空里，越来越成为你中有我、我中有你的命运共同体。没有哪个国家能够独自应对人类面临的各种挑战，也没有哪个国家能够退回到自我封闭的孤岛。世界命运应该由各国共同掌握，国际规则应该由各国共同书写，全球事务应该由各国共同治理，发展成果应该由各国共同分享[1]。从联合国纽约总部到日内瓦总部，从博鳌亚洲论坛到瑞士达沃斯论坛，从二十国集团峰会到中国共产党与世界政党高层对话会，从第七十三届世界卫生大会视频会议到中非团结抗疫特别峰会，习近平总书记通过多个重大国际场合，深刻阐释构建人类命运共同体理念的丰富内涵，呼吁各国要顺应时代发展潮流，作出正确选择，齐心协力应对挑战，开展全球性协作，构建人类命运共同体。

人类命运共同体是指每个民族、每个国家的前途命运都紧紧联系在一起，应该风雨同舟，荣辱与共，努力把我们生于斯、长于斯的这个星球建成一个和睦的大家庭，把世界各国人民对美好生活的向往变成现实。推动构建人类命运共同体，建设更加繁荣美好的世界，是世界各国人民的共同愿望，反映了人类社会的共同价值追求，汇聚了世界各国人民对和平、发展、繁荣向往的最大公约数，为人类社会实现共同发展、持续繁荣、长治久安绘制了蓝图，指明

[1] 在联合国日内瓦总部的演讲（2017年1月18日），《人民日报》2017年1月19日。

了方向。这一倡议已被多次写入联合国文件，得到国际社会广泛认同和积极响应，产生日益广泛而深远的国际影响，成为中国引领时代潮流和人类文明进步方向的鲜明旗帜[1]。

党的十九大报告明确提出，中国共产党是为中国人民谋幸福的政党，也是为人类进步事业而奋斗的政党。中国共产党始终把为人类作出新的更大的贡献作为自己的使命[2]。中国共产党为中国人民谋幸福、为中华民族谋复兴，也为世界谋大同、为人类进步事业而奋斗；同时，中华民族是爱好和平的民族，推动构建人类命运共同体，是中华优秀传统文化的传承和发展，是实现中华民族伟大复兴中国梦的重要组成部分。中国梦是中国人民追求幸福的梦，与世界人民的梦想息息相通，这是中华民族始终崇尚的品德和胸怀。作为世界大家庭的重要成员，实现中华民族伟大复兴本身就是对世界的巨大贡献，也是对全人类的巨大贡献，不仅是推动世界历史发展的力量源泉，也是引领人类文明发展进步的思想武器。这次新冠肺炎疫情全球蔓延再次给国际社会带来深刻启示：在全球化时代，各国命运相连、休戚相关，构建人类命运共同体是人类社会发展进步的唯一正确方向。中国用实实在在的行动赢得了世界的普遍认同和赞誉，树立了负责任大国的形象，生动践行了构建人类命运共同体的承诺。中国将始终做世界和平的建设者、全球发展的贡献者、国际

---

[1]《习近平新时代中国特色社会主义思想学习纲要》，学习出版社2019年版。

[2]《决胜全面建成小康社会夺取新时代中国特色社会主义伟大胜利》，人民出版社2017年版，第57—58页。

秩序的维护者。

二、推动全球治理的中国智慧和中国方案

当今世界正面临百年未有之大变局，和平与发展仍然是时代主题，同时世界面临的不稳定性不确定性突出，全球“治理赤字”“信任赤字”“和平赤字”“发展赤字”日益严重。面对严峻的全球性挑战，面对人类发展在十字路口何去何从的抉择，习近平总书记指出，世界那么大，问题那么多，国际社会期待听到中国声音、看到中国方案，中国不能缺席[1]。中国将积极参与全球治理体系建设，努力为完善全球治理贡献中国智慧[2]。我们参与全球治理的根本目的，就是服从服务于实现“两个一百年”奋斗目标、实现中华民族伟大复兴的中国梦。要审时度势，努力抓住机遇，妥善应对挑战，统筹国内国际两个大局，推动全球治理体制向着更加公正合理方向发展，为我国发展和世界和平创造更加有利的条件[3]。党的十九大报告中指出，中国秉持共商共建共享的全球治理观，倡导国际关系民主化；呼吁各国人民同心协力，构建人类命运共同体，

[1]《国家主席习近平发表二〇一六年新年贺词》(2015年12月31日)，《人民日报》2016年1月1日。

[2] 在庆祝中国共产党成立95周年大会上的讲话(2016年7月1日)，《人民日报》2016年7月2日。

[3] 在十八届中央政治局第二十七次集体学习时的讲话(2015年10月12日)，《人民日报》2015年10月14日。

建设持久和平、普遍安全、共同繁荣、开放包容、清洁美丽的世界；中国将继续发挥负责任大国作用，积极参与全球治理体系改革和建设，不断贡献中国智慧和力量。

习近平总书记既呼吁世界各国人民同心协力，构建人类命运共同体，又在全球经济治理方面提出一系列新思想新观点，为推动经济全球化健康发展、共同应对全球性挑战、建立公正合理的国际秩序，提供了中国智慧和中国方案。比如，强调提倡创新、协调、绿色、开放、共享的新发展理念，践行共同、综合、合作、可持续的新安全观，秉持开放、融通、互利、共赢的合作观，树立平等、互鉴、对话、包容的文明观，坚持共商共建共享的全球治理观，推动经济全球化朝着更加开放、包容、普惠、平衡、共赢的方向发展；支持开放、透明、包容、非歧视性的多边贸易体制，促进贸易投资自由化便利化，建设开放型世界经济；加强宏观政策协调，努力推动世界经济强劲、可持续、平衡、包容增长；坚持创新引领，让创新造福更多国家和人民；坚持普惠共赢，维护发展中国家的发展利益和空间，促进全球包容发展。再如，强调世界上的事情越来越需要各国共同协商，全球性挑战越来越需要各国通力合作，建立国际机制、遵守国际规则、追求国际正义应成为多数国家的共识；倡导国际关系民主化，支持联合国发挥积极作用，支持扩大发展中国家在国际事务中的代表性和发言权。

面对当今世界百年未有之大变局，迫切需要克服零和思维、对抗思维、强权思维等陈旧的治理思维和理论。习近平总书记提出了国际关系和全球治理的新理念，汲取了中华优秀文化的有益养分，超越了传统西方国际关系理论，极大地推动了全球治理理念创新发展，为人类社会发展提供了新视角和新理念，向世界传递了呵护和平的力量和友谊的正能量，充分展现了我国推动建立国际关系新秩序的美好愿景，为全球治理体系改革和建设贡献了中国智慧、提供了中国方案。

第二章

学习贯彻习近平总书记关于中华民族伟大复兴战略全局重要论述的深刻体会

习近平总书记关于中华民族伟大复兴战略全局的重要论述，高屋建瓴、总揽全局，蕴含治国理政的大智慧和大战略，是全党全国人民为实现中华民族伟大复兴而奋斗的行动指南，也是谋划改革发展稳定、内政外交国防、治党治国治军等各领域各方面工作的基本出发点。必须立足战略全局，站在时代前沿，践行初心使命，谋长远之策，行固本之举，建久安之势，成长治之业，在危机中育新机，于变局中开新局，履行好实现中华民族伟大复兴的新时代重任。

第一节

牢记实现中华民族谋复兴历史使命

党的十九大报告指出，中国共产党人的初心和使命，就是为中国人民谋幸福，为中华民族谋复兴。习近平总书记在不同场合反复强调，实现中华民族伟大复兴的中国梦，就是要实现国家富强、民族振兴、人民幸福，并深刻阐述了中华民族伟大复兴的科学内涵、战略部署和实现路径。要深入学习领会习近平总书记的重要论述精神，牢记为中华民族谋复兴的历史使命，奋力谱写新时代中华民族伟大复兴的辉煌篇章。

一、深刻认识到实现中华民族伟大复兴必须实现民族独立、人民解放、国家统一、社会稳定

民族独立、人民解放、国家统一、社会稳定，是实现中华民族伟大复兴的根本前提。近代以来封建腐朽的清王朝无视世界发展大势，采取了一系列闭关锁国和故步自封的政策，西方列强的坚船利炮敲开了中国的大门，中国逐步沦陷为半殖民地半封建国家，社会动荡不安，人民生活水深火热。正是在中华民族内忧外患、社会危机空前深重的背景下，在近代以后中国社会的剧烈变动中，在中国人民反抗封建统治和外来侵略的激烈斗争中，在马克思列宁主义同中国工人运动的结合过程中，1921年中国共产党诞生，中国人民和中华民族从此有了先锋队，中华民族发展的方向和进程由此而深刻改变，中国人民和中华民族的前途和命运也由此而深刻改变。

中国共产党诞生以来领导和团结中国人民经过北伐战争、土地革命战争、抗日战争、解放战争，经历了无数艰难险阻，克服了重重挑战考验，付出了巨大代价和牺牲，打败日本帝国主义侵略，推翻国民党反动统治，推翻了压在中国人民头上的帝国主义、封建主义、官僚资本主义三座大山，完成了新民主主义革命，建立了中华人民共和国。中国人民从此“站起来”了，旧中国半殖民地半封建社会的历史彻底结束，旧中国一盘散沙的局面

彻底结束，列强强加给中国的不平等条约和帝国主义在中国的一切特权彻底废除，中华民族彻底从几千年的封建专制统治中摆脱出来进入人民民主专政的新时期，从而为实现中华民族伟大复兴奠定了基础和前提。

回顾中国共产党近百年的辉煌历程，无论顺境还是逆境，不管弱小还是强大，都始终坚守初心和使命，为民族独立、人民解放、国家富强、人民幸福而不懈奋斗。世界上没有一个政党能像中国共产党一样历经近百年风雨历程，矢志不移、奋斗不懈，带领中华民族和中国人民创造一个又一个人间奇迹，实现一次又一次历史飞跃，为实现民族独立和人民解放、国家富强和人民幸福付出了艰苦努力和巨大牺牲，使古老的中国重新焕发出蓬勃生机。

二、深刻认识到实现中华民族伟大复兴必须建立符合我国实际的先进社会制度

先进社会制度是一个国家和民族兴旺发达的根本保障。毛泽东同志早在1940年发表的《新民主主义论》中，阐明了作为中国共产党人最高理想和最终目标的共产主义是一种“社会制度”，共产主义是无产阶级的整个思想体系，同时又是一种新的社会制度。这种思想体系和社会制度，是区别于任何别的思想体系和任何别的社会制度的，是自有人类历史以来，最完全最进步最合理

的[1]。新中国成立后，以毛泽东同志为主要代表的中国共产党人，团结带领全国各族人民在取得新民主主义革命胜利的基础上，确立了新中国的社会主义国家制度和政治制度，经过社会主义改造，完成了社会主义革命，确立了以公有制为基础的社会主义基本经济制度，实现了中国历史上最伟大、最深刻的社会变革，这不仅巩固了民族独立和人民解放的成果，而且为当代中国尔后的一切发展、进步创造了政治前提、奠定了制度基础[2]。

改革开放以来，中国共产党团结带领全国人民进行了改革开放新的伟大革命，开创、坚持、发展了中国特色社会主义，坚持和完善中国特色社会主义制度，形成和发展了由党的领导和经济、政治、文化、社会、生态文明、军事、外事等方面制度构成的一整套中国特色社会主义制度体系。以邓小平同志为主要代表的中国共产党人，确立社会主义初级阶段基本路线，明确提出走自己的路、建设中国特色社会主义，科学回答了建设中国特色社会主义的一系列基本问题，成功开创了中国特色社会主义。以江泽民同志为主要代表的中国共产党人，团结带领全国各族人民坚持党的基本理论、基本路线，确立了社会主义市场经济体制的改革目标和基本框架，确立了社会主义初级阶段的基本经济制度和分配制度，开创全面改革

---

[1]《新民主主义论》(1940年1月9日)，《毛泽东选集》第二卷，人民出版社1953年版，第624页。

[2]《中国共产党的九十年——社会主义革命建设时期》，中共党史出版社、党建读物出版社2016年版。

开放新局面，成功把中国特色社会主义推向21世纪。以胡锦涛同志为主要代表的中国共产党人，团结带领全国各族人民在全面建设小康社会进程中推进实践创新、理论创新、制度创新，提出构建社会主义和谐社会、加快生态文明建设，形成中国特色社会主义事业总体布局，成功在新的历史起点上坚持和发展了中国特色社会主义。

党的十八大以来，以习近平同志为核心的党中央将制度建设问题摆在更加突出的位置。习近平总书记在主持起草党的十八大报告时提出从经济、政治、文化、社会、生态文明五个方面全面深化改革开放的制度目标，并强调全面建成小康社会，必须构建系统完备、科学规范、运行有效的制度体系。十八届三中全会将“完善和发展中国特色社会主义制度，推进国家治理体系和治理能力现代化”[1]确定为全面深化改革的总目标。党的十九届四中全会通过的《中共中央关于坚持和完善中国特色社会主义制度、推进国家治理体系和治理能力现代化若干重大问题的决定》，提出了坚持和完善中国特色社会主义制度、推进国家治理体系和治理能力现代化的总体目标，这个总体目标是，“到我们党成立一百年时，在各方面制度更加成熟更加定型上取得明显成效；到二〇三五年，各方面制度更加完善，基本实现国家治理体系和治理能力现代化；到新中国成立一百年时，全面实现国家治理体系

[1]《中共中央关于全面深化改革若干重大问题的决定》(2013年11月12日)，《求是》2013年第22期，第8–17页。

和治理能力现代化，使中国特色社会主义制度更加巩固、优越性充分展现”[1]。这个总体目标擘画了国家治理体系和治理能力现代化的宏伟蓝图，与党的十九大描绘的未来30年两个阶段的战略安排、实现“两个一百年”奋斗目标和实现中华民族伟大复兴相衔接，必将为政治稳定、经济发展、文化繁荣、民族团结、人民幸福、社会安宁、国家统一提供有力保障，有助于确保中华民族实现“两个一百年”奋斗目标进而实现伟大复兴，并为构建人类命运共同体、增进世界文明发展不断作出新的贡献。

新中国成立七十多年尤其是改革开放四十多年的实践证明，中国特色社会主义制度和国家治理体系是以马克思主义为指导、植根中国大地、具有深厚中华文化根基、深得人民拥护的制度和治理体系，是具有强大生命力和巨大优越性的制度和治理体系，是能够持续推动拥有14亿人口大国进步和发展、确保拥有五千多年文明史的中华民族实现“两个一百年”奋斗目标进而实现伟大复兴的制度和治理体系。尤其是中国特色社会主义根本制度、基本制度、重要制度，是对党和国家各方面事业作出的制度安排，必须毫不动摇抓好贯彻落实，无论是编制发展规划、推进法治建设、制定政策措施，还是部署各项工作，都要遵照这些制度，不能有任何偏差。领导干部特别是高级干部要增强政治敏锐性和政治鉴别力、提高政治

[1]《中共中央关于坚持和完善中国特色社会主义制度、推进国家治理体系和治理能力现代化若干重大问题的决定》(2019年10月31日)，《人民日报》2019年11月6日。

能力，很重要的一条就是必须坚定不移坚持这些制度，想问题、作决策、抓落实都要自觉对标对表。涉及方向性问题，必须以这些制度为准星。涉及制度层面的大是大非问题，必须旗帜鲜明、立场坚定，不能有丝毫含糊[1]。

三、深刻认识到实现中华民族伟大复兴必须让党和人民事业始终充满奋勇前进的强大动力

党的十九大报告提出，实现中华民族伟大复兴，必须合乎时代潮流、顺应人民意愿，勇于改革开放，让党和人民事业始终充满奋勇前进的强大动力。我们党团结带领人民进行改革开放新的伟大革命，破除阻碍国家和民族发展的一切思想和体制障碍，开辟了中国特色社会主义道路，使中国大踏步赶上时代。习近平总书记指出，改革开放是党和人民大踏步赶上时代的重要法宝，是坚持和发展中国特色社会主义的必由之路，是决定当代中国命运的关键一招，也是决定实现“两个一百年”奋斗目标、实现中华民族伟大复兴的关键一招。改革开放已成为当代中国最鲜明的特色、当代中国共产党人最鲜明的品格。改革开放四十多年来，中国共产党带领亿万中国人民冲破层层阻碍，攻克重重难关，谱写

[1]《坚持和完善中国特色社会主义制度推进国家治理体系和治理能力现代化》，《求是》2020 年第 1 期。

了一曲又一曲感天动地、气壮山河的改革开放赞歌，振奋了民心、统一了思想、凝聚了力量，激发了全体人民的创造精神和创造活力，使我国的经济实力、科技实力、国防实力、综合国力进入世界前列，使我国的国际地位实现前所未有的提升，使党的面貌、国家的面貌、人民的面貌、军队的面貌、中华民族的面貌发生了前所未有的变化。实践证明，改革的道路是正确的，必须一以贯之、锲而不舍、再接再厉，才能助力新时代中国特色社会主义伟大事业不断赢得新的胜利。

新时代坚持和发展中国特色社会主义，实现中华民族伟大复兴，让党和人民事业阔步前进，根本动力仍然是全面深化改革。发展环境越是严峻复杂，越要坚定不移深化改革开放，健全各方面制度，完善治理体系，促进制度建设和治理效能更好转化融合，善于运用制度优势应对风险挑战冲击，进一步解放和发展社会生产力、进一步解放和增强社会活力，在更高起点、更高层次、更高目标上推进全面深化改革，将改革开放进行到底。当前是全面深化改革的一个重要节点，既要确保党的十八届三中全会提出的在重要领域和关键环节改革上取得决定性成果，又要在贯彻党的十九届四中全会部署的改革上开好局。要把抓好党的十八届三中全会以来部署改革任务的落实同完成“十三五”规划主要目标任务、决胜脱贫攻坚、全面建成小康社会结合起来，把统筹推进常态化疫情防控和经济社会发展工作贯通起来，有针对性地部署推进关键性改革。还要谋划“十四五”时期改革工作，更加注重制度和治理体系建设，更多解决深层次体制机制问题。改革创新最大的活力蕴藏在基层和群众中间，对待新事物新做法，要加强鼓励和引导，让新生事物健康成长，让发展新动能加速壮大。要以更大的力度推进全面深化改革，积极破解发展面临的各种难题、化解来自各方面的风险挑战和巨大压力，为推进改革发展、战胜各种风险挑战凝聚广泛共识、汇聚强大力量。

开放也是改革。以开放促改革、促发展、促创新，是我国发展不断取得新成就的重要法宝。改革不停顿，开放不止步。过去中国经济发展是在开放条件下取得的，未来中国经济发展也应当在更加开放的条件下进行。站在新的历史起点上，中国开放的大门只会越开越大。必须坚持对外开放的基本国策，以“一带一路”高质量建设为重点，坚持“引进来”和“走出去”并重，遵循共商共建共享原则，加强创新能力开放合作，形成陆海内外联动、东西双向互济的开放格局。坚持公平开放、共赢开放、包容开放，构建公平竞争的内外资发展环境，推动经济全球化朝着普惠共赢方向发展，探索求同存异、包容共生的国际合作新途径。中国对外开放，不是要一家唱独角戏，而是要欢迎各方共同参与；不是要谋求势力范围，而是要支持各国共同发展；不是要营造自己的后花园，而是要建设各国共享的百花园[1]。总而言之，要通过全面深化改革和持续推进更

[1] 在二十国集团工商峰会开幕式上的主旨演讲（2016年9月3日），《人民日报》2016年9月4日。

高水平的对外开放，逐步形成以国内大循环为主体、国内国际双循环相互促进的新发展格局，培育新形势下我国参与国际合作和竞争新优势。

第二节

胸怀中华民族伟大复兴战略全局

习近平总书记指出，我国仍处于发展的重要战略机遇期，但面临的国际形势日趋错综复杂。我们要清醒认识国际国内各种不利因素的长期性、复杂性，妥善做好应对各种困难局面的准备。最重要的还是做好我们自己的事情。要统筹研究部署，协同推进改革发展稳定各项工作，谋定而后动，厚积而薄发，更加主动办好自己的事情[1]。胸怀中华民族伟大复兴战略全局，就是要高举中国特色社会主义伟大旗帜，坚持以习近平新时代中国特色社会主义思想为指导，全面贯彻党的基本理论、基本路线、基本方略，不断增强“四个意识”、坚定“四个自信”、做到“两个维护”，不忘初心、牢记

[1]《习近平谈治国理政》第三卷，外文出版社2020年版，第77页。

使命，全面做好改革发展稳定各项工作，着力破解突出矛盾和问题，有效防范和化解各种风险，为决胜全面建成小康社会、实现“两个一百年”奋斗目标、实现中华民族伟大复兴的中国梦而努力奋斗。

一、把握本质要求

中国梦的本质是国家富强、民族振兴、人民幸福，既深深体现了今天中国人的理想，也深深反映了先人们不懈奋斗追求进步的光荣传统。实现中国梦，意味着中国经济实力和综合国力、国际地位和国际影响力大大提升，意味着中华民族以更加昂扬向上、文明开放的姿态屹立于世界民族之林，意味着中国人民过上更加幸福安康的生活。

国家富强，就是要全面建成小康社会，并在此基础上建设富强民主文明和谐美丽的社会主义现代化强国。“家是最小国，国是千万家。”国泰而民安，民富而国强。只有国家富强了，民族振兴才有坚实的基础，人民幸福才有根本的保障。站在历史新的更高起点上，党的十九大对新时代推进社会主义现代化建设作出新的顶层设计，提出从2020年到本世纪中叶，在全面建成小康社会的基础上，分两步走全面建成社会主义现代化强国。从全面建成小康社会到基本实现现代化，再到全面建成社会主义现代化强国，是新时代中国特色社会主义发展的战略安排。

民族振兴，就是要使中华民族更加坚强有力地自立于世界民族之林，为人类作出新的更大的贡献。实现中华民族伟大复兴的中国梦，是全体中华儿女的共同心愿，也是全国各族人民的共同目标。民族振兴在不同的历史时期有着不同的内涵要求。在革命战争年代，民族振兴主要体现为实现民族独立和人民解放；在社会主义建设和改革开放时期，民族振兴主要体现为中华民族在经济、政治、文化、社会、生态等各方面的发展和进步。当今世界正经历百年未有之大变局，我国正处于实现中华民族伟大复兴关键时期，中国共产党正带领人民进行具有许多新的历史特点的伟大斗争，形势环境变化之快、改革发展稳定任务之重、矛盾风险挑战之多、对中国共产党治国理政考验之大前所未有。全体中华儿女都要牢固树立中华民族共同体意识，把个人奋斗融入国家富强、民族振兴的伟大历史进程，奋力书写新时代民族振兴新篇章，把我们的国家建设好，创造中华民族新辉煌，为人类发展作出更大、更多、更重要的贡献。

人民幸福，就是要坚持以人民为中心，增进人民福祉，促进人的全面发展，朝着共同富裕方向稳步前进。中国梦归根到底是人民的梦，必须紧紧依靠人民来实现，必须不断为人民造福。中国梦的深厚源泉在于人民，根本归宿也在于人民，只有同人民对美好生活的向往结合起来才能取得成功。必须坚持以人民为中心，让人民享有更好的教育、更稳定的工作、更满意的收入、更可靠的社会保障、更高水平的医疗卫生服务、更舒适的居住条件、更优美的环境，获得感、幸福感、安全感更加充实、更有保障、更可持续。还要看到，当今时代是放飞梦想的时代，每个人都有自己的美好梦想。中国梦的广阔舞台，为个人梦想提供了蓬勃生长的空间；每个人向着梦想的不断努力，又都是实现伟大中国梦的一分力量。只要每个人都把人生理想融入国家和民族的伟大梦想之中，敢于有梦、勇于追梦、勤于圆梦，就会汇聚成实现中国梦的强大力量。

二、坚持基本方略

党的十九大提出了新时代坚持和发展中国特色社会主义的“十四个坚持”的基本方略，涵盖党的领导和“五位一体”总体布局、“四个全面”战略布局，涵盖国防和军队建设、维护国家安全、对外战略，是对党的治国理政重大方针、原则的最新概括，体现了理论与实践的统一、战略与策略的结合，是实现“两个一百年”奋斗目标、实现中华民族伟大复兴中国梦的“路线图”和“方法论”[1]。只要在各项工作中全面准确贯彻落实好“十四个坚持”的基本方略，坚定不移走中国特色社会主义道路，坚持稳中求进工作总基调，统筹推进“五位一体”总体布局，协调推进“四个全面”战略布局，就一定能在中国共产党成立100周年时全面建成小康社会，就一定能在新中国成立100周年时建成富强民主文明和谐美丽的社

[1]《新时代 新思想 新征程》，人民出版社、党建读物出版社2019年版。

会主义现代化国家。

坚持党对一切工作的领导。党政军民学，东西南北中，党是领导一切的。必须增强政治意识、大局意识、核心意识、看齐意识，自觉维护党中央权威和集中统一领导，自觉在思想上政治上行动上同党中央保持高度一致，完善坚持党的领导的体制机制，提高党把方向、谋大局、定政策、促改革的能力和定力，确保党始终总揽全局、协调各方。

坚持以人民为中心。人民是历史的创造者，是决定党和国家前途命运的根本力量。必须坚持人民主体地位，坚持立党为公、执政为民，践行全心全意为人民服务的根本宗旨，把党的群众路线贯彻到治国理政全部活动之中，把人民对美好生活的向往作为奋斗目标，依靠人民创造历史伟业。

坚持全面深化改革。只有社会主义才能救中国，只有改革开放才能发展中国、发展社会主义、发展马克思主义。必须坚持和完善中国特色社会主义制度，不断推进国家治理体系和治理能力现代化，坚决破除一切不合时宜的思想观念和体制机制弊端，突破利益固化的藩篱，吸收人类文明有益成果，构建系统完备、科学规范、运行有效的制度体系，充分发挥我国社会主义制度优越性。

坚持新发展理念。发展是解决我国一切问题的基础和关键，发展必须是科学发展，必须坚定不移贯彻创新、协调、绿色、开放、共享的发展理念。必须坚持和完善我国社会主义基本经济制度和分配制度，毫不动摇巩固和发展公有制经济，毫不动摇鼓励、支持、引导非公有制经济发展，使市场在资源配置中起决定性作用，更好发挥政府作用，推动新型工业化、信息化、城镇化、农业现代化同步发展，主动参与和推动经济全球化进程，发展更高层次的开放型经济，不断壮大我国经济实力和综合国力。

坚持人民当家作主。必须坚持中国特色社会主义政治发展道路，坚持和完善人民代表大会制度、中国共产党领导的多党合作和政治协商制度、民族区域自治制度、基层群众自治制度，巩固和发展最广泛的爱国统一战线，发展社会主义协商民主，健全民主制度，丰富民主形式，拓宽民主渠道，保证人民当家作主落实到国家政治生活和社会生活之中。

坚持全面依法治国。必须把党的领导贯彻落实到依法治国全过程和各方面，坚定不移走中国特色社会主义法治道路，完善以宪法为核心的中国特色社会主义法律体系，建设中国特色社会主义法治体系，建设社会主义法治国家，发展中国特色社会主义法治理论，坚持依法治国、依法执政、依法行政共同推进，坚持法治国家、法治政府、法治社会一体建设，坚持依法治国和以德治国相结合，依法治国和依规治党有机统一，深化司法体制改革，提高全民族法治素养和道德素质。

坚持社会主义核心价值体系。必须坚持马克思主义，牢固树立共产主义远大理想和中国特色社会主义共同理想，培育和践行社会主义核心价值观，不断增强意识形态领域主导权和话语权，推动中华优秀传统文化创造性转化、创新性发展，继承革命文化，发展社会主义先进文化，不忘本来、吸收外来、面向未来，更好构筑中国精神、中国价值、中国力量，为人民提供精神指引。

坚持在发展中保障和改善民生。增进民生福祉是发展的根本目的。必须多谋民生之利、多解民生之忧，在发展中补齐民生短板、促进社会公平正义，在幼有所育、学有所教、劳有所得、病有所医、老有所养、住有所居、弱有所扶上不断取得新进展，深入开展脱贫攻坚，保证全体人民在共建共享发展中有更多获得感，不断促进人的全面发展、全体人民共同富裕。建设平安中国，加强和创新社会治理，维护社会和谐稳定，确保国家长治久安、人民安居乐业。

坚持人与自然和谐共生。建设生态文明是中华民族永续发展的千年大计。必须树立和践行绿水青山就是金山银山的理念，坚持节约资源和保护环境的基本国策，像对待生命一样对待生态环境，统筹山水林田湖草系统治理，实行最严格的生态环境保护制度，形成绿色发展方式和生活方式，坚定走生产发展、生活富裕、生态良好的文明发展道路，建设美丽中国，为人民创造良好生产生活环境，为全球生态安全作出贡献。

坚持总体国家安全观。统筹发展和安全，增强忧患意识，做到居安思危，是我们党治国理政的一个重大原则。必须坚持国家利益至上，以人民安全为宗旨，以政治安全为根本，统筹外部安全和内部安全、国土安全和国民安全、传统安全和非传统安全、自身安全和共同安全，完善国家安全制度体系，加强国家安全能力建设，坚决维护国家主权、安全、发展利益。

坚持党对人民军队的绝对领导。必须全面贯彻党领导人民军队的一系列根本原则和制度，确立新时代党的强军思想在国防和军队建设中的指导地位，坚持政治建军、改革强军、科技兴军、依法治军，更加注重聚焦实战，更加注重创新驱动，更加注重体系建设，更加注重集约高效，更加注重军民融合，实现党在新时代的强军目标。

坚持"一国两制"和推进祖国统一。保持香港、澳门长期繁荣稳定，实现祖国完全统一，是实现中华民族伟大复兴的必然要求。必须把维护中央对香港、澳门特别行政区全面管治权和保障特别行政区高度自治权有机结合起来，确保"一国两制"方针不会变、不动摇，确保"一国两制"实践不变形、不走样。必须坚持一个中国原则，坚持"九二共识"，推动两岸关系和平发展，深化两岸经济合作和文化往来，推动两岸同胞共同反对一切分裂国家的活动，共同为实现中华民族伟大复兴而奋斗。

坚持推动构建人类命运共同体。中国人民的梦想同各国人民的梦想息息相通，实现中国梦离不开和平的国际环境和稳定的国际秩序。必须统筹国内国际两个大局，始终不渝走和平发展道路、奉行互利共赢的开放战略，坚持正确义利观，树立共同、综合、合作、可持续的新安全观，谋求开放创新、包容互惠的发展前景，促进和而不同、兼收并蓄的文明交流，构筑尊崇自然、绿色发展的生态体系，始终做世界和平的建设者、全球发展的贡献者、国际秩序的维护者。

坚持全面从严治党。必须以党章为根本遵循，把党的政治建设摆在首位，思想建党和制度治党同向发力，统筹推进党的各项建设，抓住“关键少数”，坚持“三严三实”，坚持民主集中制，严肃党内政治生活，严明党的纪律，强化党内监督，发展积极健康的党内政治文化，全面净化党内政治生态，坚决纠正各种不正之风，以零容忍态度惩治腐败，不断增强党自我净化、自我完善、自我革新、自我提高的能力，始终保持党同人民群众的血肉联系。

以上“十四个坚持”，构成新时代坚持和发展中国特色社会主义的基本方略，凝结着我们党坚持和发展中国特色社会主义的宝贵经验，反映了以习近平同志为核心的党中央对中国特色社会主义规律性认识的深化、拓展、升华，是党在新时代具有很强思想性、战略性、前瞻性、指导性的行动纲领，必须在各项工作中全面准确贯彻落实，更好引领党和人民事业发展。

三、牢记根本任务

社会主义的本质是解放生产力，发展生产力，消灭剥削，消除两极分化，最终达到共同富裕。习近平总书记指出，全面建成小康社会，实现社会主义现代化，实现中华民族伟大复兴，最根本最紧迫的任务还是进一步解放和发展社会生产力。解放思想，解放和增强社会活力，是为了更好解放和发展社会生产力。我们要通过深化改革，让一切劳动、知识、技术、管理、资本等要素的活力竞相迸发，让一切创造社会财富的源泉充分涌流。同时，要处理好活力和有序的关系，社会发展需要充满活力，但这种活力又必须是有序活动的。死水一潭不行，暗流汹涌也不行[1]。党的十九大报告明确提出，实现“两个一百年”奋斗目标、实现中华民族伟大复兴的中国梦，不断提高人民生活水平，必须坚定不移把发展作为党执政兴国的第一要务，坚持解放和发展社会生产力，坚持社会主义市场经济改革方向，推动经济持续健康发展。

我国发展仍处于并将长期处于重要战略机遇期，发展是解决我国一切问题的基础和关键。全面用好我国发展的重要战略机遇期，发展必须是科学发展，必须坚定不移贯彻创新、协调、绿色、开放、共享的新发展理念，必须把新发展理念贯穿发展全过程和各领域，实现更高质量、更有效率、更加公平、更可持续、更为安全的发展。我国经济已由高速增长阶段转向高质量发展阶段，这是能够很好满足人民日益增长的美好生活需要的发展，是体现新发展理念的发展，是创新成为第一动力、协调成为内生特点、绿色成为普遍形态、开放成为必由之路、共享成为根本目的的发展。推动高质量发展，是当前和今后一个时期确定发展思路、制定经济政策、实施宏观调控的根本要求。必须坚持质量第一、效益优先，推动经济发展质量变革、效率变革、动力变革，不断增强经济创新力和竞

[1]《切实把思想统一到党的十八届三中全会精神上来》，《求是》2014年第1期。

争力。必须加强前瞻性思考、全局性谋划、战略性布局、整体性推进，实现发展规模、速度、质量、结构、效益、安全相统一。必须始终做到发展为了人民、发展依靠人民、发展成果由人民共享，不断实现人民对美好生活的向往。必须牢牢把握扩大内需这个战略基点，大力保护和激发市场主体活力，扎实做好“六稳”工作，全面落实“六保”任务，实现经济行稳致远、社会安定和谐。还要加快形成推动高质量发展的指标体系、政策体系、标准体系、统计体系、绩效评价、政绩考核，创建和完善制度环境，推动我国经济在实现高质量发展上不断取得新进展。

把推进供给侧结构性改革作为主线。推进供给侧结构性改革，是培育增长新动力、形成先发新优势、实现创新引领发展的必然要求。要把推进供给侧结构性改革作为当前和今后一个时期经济发展和经济工作的主线。总的要求是“巩固、增强、提升、畅通”八字方针。要巩固“三去一降一补”成果，推动更多产能过剩行业加快出清，降低全社会各类营商成本，加大基础设施等领域补短板力度。增强微观主体活力，发挥企业和企业家主观能动性，建立公平开放透明的市场规则和市场化法治化国际化营商环境，促进正向激励和优胜劣汰，发展更多优质企业。提升产业链水平，注重利用技术创新和规模效应形成新的竞争优势，培育和发展新的产业集群。畅通国民经济循环，加快建设统一开放、竞争有序的现代市场体系，提高金融体系服务实体经济能力，形成国内市场和生产主体、经济增长和就业扩大、金融和实体经济良性循环，加快形成以国内大循环为主体、国内国际双循环相互促进的新发展格局。

建设现代化经济体系是我国发展的战略目标[1]。建设现代化经济体系，是以习近平同志为核心的党中央从党和国家事业全局出发，着眼于实现“两个一百年”奋斗目标、顺应中国特色社会主义进入新时代的新要求作出的重大战略决策部署，是中国特色社会主义经济发展规律的必然要求，事关我们能否引领世界科技革命和产业变革潮流，事关我们能否赢得国际竞争的主动。要大力发展实体经济，筑牢现代化经济体系的坚实基础；加快实施创新驱动发展战略，强化现代化经济体系的战略支撑；积极推动城乡区域协调发展，优化现代化经济体系的空间布局；着力发展开放型经济，提高现代化经济体系的国际竞争力；深化经济体制改革，完善现代化经济体系的制度保障。要按照全面建成社会主义现代化强国的要求，加快建设现代化经济体系，为实现人民对美好生活的向往打下更为坚实而强大的物质基础。

体制机制创新释放出的活力和创造力，是推动经济社会持续健康发展、实现中华民族伟大复兴的重要动力。要围绕破解经济社会发展突出问题的体制机制障碍，坚持全面建成小康社会、全面深化改革、全面依法治国、全面从严治党的战略布局，完善党领导经济社会发展工作体制机制，加快形成引领经济发展新常态的体制机制和发展方式，协调推进经济、政治、文化、社会、生态等各方面体

[1]《习近平新时代中国特色社会主义思想学习纲要》，学习出版社2019年版。

制改革，统筹推进经济建设、政治建设、文化建设、社会建设、生态文明建设和党的建设，不断增强我国经济实力、科技实力、综合国力，让社会主义市场经济的活力更加充分地展示出来。尤其要以勇于自我革命的气魄、坚忍不拔的毅力，敢于向积存多年的顽瘴痼疾开刀，敢于触及深层次利益关系和矛盾，坚决冲破思想观念束缚，坚决破除利益固化藩篱，适应新时代中国特色社会主义事业发展进程，牢牢把握完善和发展中国特色社会主义制度、推进国家治理体系和治理能力现代化的总目标，统筹推进各领域各方面改革，不断推进理论创新、制度创新、科技创新、文化创新以及其他各方面创新，坚决破除一切不合时宜的思想观念和体制机制弊端，加快形成系统完备、科学规范、运行有效的制度体系，推动中国特色社会主义制度更加成熟更加定型，为决胜全面建成小康社会、夺取新时代中国特色社会主义伟大胜利提供强大动力。

第三节

肩负统筹“四个伟大”的时代重担

党的十九大明确提出，实现伟大梦想必须进行伟大斗争、建设伟大工程、推进伟大事业，这就是新时代中国共产党人的光荣使命。把伟大斗争、伟大工程、伟大事业、伟大梦想作为一个统一整体提出来，是一个重大理论创新，体现了奋斗目标、实现路径、前进动力的高度统一，体现了历史传承、现实任务、未来方向的高度统一，体现了党的前途命运、国家的前途命运、民族的前途命运的高度统一，使我们党对肩负的历史使命的认识达到了新的高度[1]。

---

[1]《习近平新时代中国特色社会主义思想三十讲》，学习出版社2018年版。

一、进行伟大斗争

伟大事业越发展、伟大工程越前进、伟大梦想越接近，遇到的风险挑战就会越大，就越要进行伟大斗争。中国特色社会主义是前无古人的伟大事业，改革开放和社会主义现代化建设还有很长的路要走。实现中华民族伟大复兴的中国梦，是一项长期的艰巨的历史任务，必须准备进行具有许多新的历史特点的伟大斗争。今天我们正在进行具有许多新的历史特点的伟大斗争，这是党中央对世情国情党情新变化新特点的高度概括。

就世情来说，2008年爆发的国际金融危机给世界带来巨大影响，世界加速进入大发展大变革大调整时期，国际力量对比发生新的此消彼长，出现了一系列新特点新趋势，国际形势继续发生深刻复杂的变化。就国情来说，经过四十多年改革开放，中国经济社会发展取得举世瞩目的成就，但我国仍处于并将长期处于社会主义初级阶段的基本国情没有变，我国是世界最大发展中国家的国际地位没有变，解放和发展生产力，逐步实现社会主义现代化的根本任务没有变。全面深化改革仍处于攻坚期和深水区，经济社会发展面临着与改革开放初期不同的问题和矛盾，出现了一系列新特点新情况。就党情来说，一方面，党的领导和党的建设得到进一步加强；另一方面，党内存在严重的政治规矩、组织纪律松懈，管党治党出现宽松软和腐败问题。全面从严治党任重道远。国际国内形势环境严峻复杂，对中国共产党治国理政考验之大前所未有，这告诫全党新的伟大斗争具有长期性、复杂性、艰巨性，要时刻准备应对重大挑战、抵御重大风险、克服重大阻力、解决重大矛盾。

实现中华民族伟大复兴，进行具有许多新的历史特点的伟大斗争是绕不开、躲不过的。狭路相逢勇者胜。必须坚持党的领导，自觉同一切削弱、歪曲、否定党的领导的言行作坚决斗争，毫不动摇地推进党的建设新的伟大工程；必须坚持社会主义制度，同一切削弱、歪曲、否定社会主义制度的言行作坚决斗争，在伟大斗争中开拓中国特色社会主义道路；必须贯彻以人民为中心的发展思想，同脱离群众、漠视群众利益、侵害群众利益的思想和行为作坚决斗争；必须坚决破除一切阻碍改革创新的体制机制障碍，同一切因循守旧、故步自封、顽固保守、不思进取的思想和行为作坚决斗争，勇于变革、勇于创新，永不僵化、永不停滞；必须维护我国主权、安全、发展利益，维护国家统一和社会和谐稳定，同一切分裂祖国、破坏民族团结和社会和谐稳定的言行作坚决斗争；必须更加自觉地防范各种风险，勇于同一切风险困难作坚决斗争，坚决战胜前进道路上的一切艰难险阻[1]。

[1]《党的十九大报告辅导读本》，人民出版社2017年版。

二、建设伟大工程

实现伟大梦想，必须建设伟大工程。这个伟大工程就是中国共产党正在深入推进的党的建设新的伟大工程。历史已经并将继续证明，没有中国共产党的领导，民族复兴必然是空想。中国共产党担负着团结带领人民全面建成小康社会、推进社会主义现代化、实现中华民族伟大复兴的重任。党坚强有力，党同人民保持血肉联系，国家就繁荣稳定，人民就幸福安康。形势的发展、事业的开拓、人民的期待，都要求我们以改革创新精神全面推进党的建设新的伟大工程，全面提高党的建设科学化水平。中国共产党要始终成为时代先锋、民族脊梁，始终成为马克思主义执政党，自身必须始终过硬。全党要更加自觉地坚定党性原则，勇于直面问题，敢于刮骨疗毒，消除一切损害党的先进性和纯洁性的因素，清除一切侵蚀党的健康肌体的病毒，不断增强党的政治领导力、思想引领力、群众组织力、社会号召力，确保中国共产党永葆旺盛生命力和强大战斗力。

党的十九大报告指出，伟大斗争、伟大工程、伟大事业、伟大梦想，紧密联系、相互贯通、相互作用，其中起决定性作用的是党的建设新的伟大工程，并对新时代推进中国特色社会主义伟大事业和党的建设新的伟大工程作出了全面部署。必须一以贯之全面推进党的建设新的伟大工程，使中国共产党成为始终走在时代前列、人民衷心拥护、勇于自我革命、经得起各种风浪考验、朝气蓬勃的马克思主义执政党，确保党在世界形势深刻变化的历史进程中始终走在时代前列，在应对国内外各种风险和考验的历史进程中始终成为全国人民的主心骨，在坚持和发展中国特色社会主义的历史进程中始终成为坚强领导核心。

建设伟大工程关键要全面从严治党。办好中国的事情，关键在党。实现中华民族伟大复兴，必须深刻认识党面临的执政考验、改革开放考验、市场经济考验、外部环境考验的长期性和复杂性，深刻认识党面临的精神懈怠危险、能力不足危险、脱离群众危险、消极腐败危险的尖锐性和严峻性。全面从严治党永远在路上，要坚持和加强党的全面领导，坚持党要管党、全面从严治党。要勇于直面问题，敢于刮骨疗毒，清除一切损害党的先进性和纯洁性的因素，消除一切侵蚀党的健康肌体的病毒，不断增强管党治党的系统性、预见性、创造性、实效性，把党建设得更加坚强有力。只要始终做到自身硬，中国共产党就一定能够具有坚如磐石的意志和坚不可摧的力量，就一定能够始终保持同人民群众的血肉联系，就一定能够引领承载着中国人民伟大梦想的航船破浪前进、胜利驶向光辉的彼岸。

建设伟大工程要坚持党对一切工作的领导。中国共产党领导是中国特色社会主义最本质的特征，中国共产党是国家最高政治领导力量，是实现中华民族伟大复兴的根本保证。党政军民学，东西南北中，党是领导一切的。尤其要加强党对经济工作的领导，全面提高党领导经济工作水平，是坚持民主集中制的必然要求，也是我们政治制度的优势。党是总揽全局、协调各方的，经济工作是中心工作，党的领导当然要在中心工作中得到充分体现，抓住了中心工作这个“牛鼻子”，其他工作就可以更好展开。必须适应、把握、引领经济社会发展新常态，创新党领导经济社会发展的观念、体制、方式方法，提高党把握方向、谋划全局、提出战略、制定政策、推进改革的能力，为发展航船定好向、掌好舵。为了推动“十四五”时期经济社会发展，必须坚持和完善党领导经济社会发展的体制机制，为实现高质量发展提供根本保证[1]。

三、推进伟大事业

习近平总书记指出，我们所处的时代是催人奋进的伟大时代，我们进行的事业是前无古人的伟大事业，我们正在从事的中国特色社会主义事业是全体人民的共同事业[2]。中国特色社会主义是改革开放以来党的全部理论和实践的主题，是党和人民历尽千辛万苦、付出巨大代价取得的根本成就，中国特色社会主义是道路、理论、制度、文化四者的有机统一，其中，中国特色社会主义道路是实现途径，中国特色社会主义理论体系是行动指南，中国特色社会主义制

[1] 在十九届中央政治局会议上的讲话（2020年7月30日），《人民日报》2020年7月31日。
[2]《在庆祝“五一”国际劳动节暨表彰全国劳动模范和先进工作者大会上的讲话》，人民出版社单行本。

度是根本保障，中国特色社会主义文化是精神力量。党的十九大报告明确提出，实现伟大梦想，必须推进伟大事业。中国特色社会主义道路是实现社会主义现代化、创造人民美好生活的必由之路，中国特色社会主义理论体系是指导党和人民实现中华民族伟大复兴的正确理论，中国特色社会主义制度是当代中国发展进步的根本制度保障，中国特色社会主义文化是激励全党全国各族人民奋勇前进的强大精神力量。必须更加自觉地增强道路自信、理论自信、制度自信、文化自信，既不走封闭僵化的老路，也不走改旗易帜的邪路，保持政治定力，坚持实干兴邦，始终坚持和发展中国特色社会主义。

推进伟大事业要增强道路自信。中国特色社会主义道路是实现社会主义现代化、创造人民美好生活的必由之路，是实现中华民族伟大复兴的必由之路。实践证明，中国特色社会主义道路是一条既符合中国国情，又适合时代发展要求并取得巨大成功的唯一正确道路。只有这条道路而没有别的道路，能够引领中国进步、增进人民福祉、实现民族复兴。

推进伟大事业要增强理论自信。中国特色社会主义理论体系是指导党和人民实现中华民族伟大复兴的正确理论。习近平新时代中国特色社会主义思想是马克思主义中国化最新成果，是中国特色社会主义理论体系的重要组成部分。一定要以习近平新时代中国特色社会主义思想为指导，从我国改革开放和社会主义现代化建设的实际问题出发，着眼于马克思主义理论的运用，着眼于对实际问题的理论思考，着眼于新的实践和新的发展，不断开辟马克思主义中国化新境界。

推进伟大事业要增强制度自信。中国特色社会主义制度是当代中国发展进步的根本制度保障，是具有明显制度优势、强大自我完善能力的先进制度。要坚持以实践基础上的理论创新推动制度创新，坚持和完善现有制度，从实际出发，及时制定一些新的制度，构建系统完备、科学规范、运行有效的制度体系，使各方面制度更加成熟更加定型。

推进伟大事业要增强文化自信。中国特色社会主义文化是激励全党全国各族人民奋勇前进的强大精神力量，代表着中华民族独特的精神标识，是激励全党全国各族人民奋勇前进的强大精神力量。要坚持以马克思主义为指导，推动中华优秀传统文化创造性转化、创新性发展，继承革命文化，发展社会主义先进文化，不忘本来、吸收外来、面向未来，更好构筑中国精神、中国价值、中国力量，为人民提供精神指引。

四、实现伟大梦想

中国特色社会主义进入新时代，我们比历史上任何时期都更接近、更有信心和能力实现中华民族伟大复兴的梦想。习近平总书记指出，实现中国梦必须走中国道路、弘扬中国精神、凝聚中国力量。这为中国共产党团结带领人民继续把中国特色社会主义事业推向前进，为实现中华民族伟大复兴的中国梦而努力奋斗指明了方向。

实现伟大梦想必须走中国道路，这就是中国特色社会主义道路。没有正确的道路，再美好的愿景、再伟大的梦想，都不能实现。只有中国特色社会主义道路才能发展中国、稳定中国，这是一条通往复兴梦想的康庄大道、人间正道。中华民族是具有非凡创造力的民族，我们创造了伟大的中华文明，我们也能够继续拓展和走好适合中国国情的发展道路。要增强对中国特色社会主义的道路自信、理论自信、制度自信、文化自信，坚定不移沿着正确的中国道路奋勇前进。

实现伟大梦想必须弘扬中国精神，这就是以爱国主义为核心的民族精神和以改革创新为核心的时代精神。实现伟大梦想，要求我们不仅在物质上强大起来，而且在精神上强大起来。中华文明生生不息，中国精神薪火相传。以爱国主义为核心的民族精神和以改革创新为核心的时代精神，是凝心聚力的兴国之魂、强国之魂。爱国主义是中华民族的精神基因，维系着华夏大地上各个民族的团结统一，激励着一代又一代中华儿女为祖国发展繁荣而不懈奋斗；改革创新体现了中华民族最深沉的民族禀赋，反映了当代中国发展进步的要求，始终是鞭策我们在改革开放中与时俱进的精神力量。要弘扬伟大的民族精神和时代精神，不断振奋全民族的精气神，不断增强团结一心的精神纽带、自强不息的精神动力，永远朝气蓬勃迈向未来。

实现伟大梦想必须凝聚中国力量，这就是全国各族人民大团结的力量。我国56个民族都是中华民族大家庭的平等一员，共同构成了你中有我、我中有你、谁也离不开谁的中华民族命运共同体。只要我们紧密团结，万众一心，为实现共同梦想而奋斗，实现梦想的力量就无比强大。中国人民共同享有人生出彩的机会，共同享有梦想成真的机会，共同享有同祖国和时代一起成长与进步的机会，必须心往一处想，劲往一处使，用智慧和力量汇集起不可战胜的磅礴力量。

实现伟大梦想必须崇尚担当实干。习近平总书记指出，面向未来，全面建成小康社会要靠实干，基本实现现代化要靠实干，实现中华民族伟大复兴要靠实干[1]。中国的发展成就，是中国人民几十年含辛茹苦、流血流汗干出来的。千百年来，中华民族素以吃苦耐劳闻名于世。中国人民深知，世界上没有免费的午餐，想发展就要靠自己苦干实干，不能寄托于别人的恩赐，世界上也没有谁有这样的能力。要在全社会大力弘扬真抓实干、埋头苦干的良好风尚，特别是各级领导干部要带头发扬实干精神，出实策、鼓实劲、办实事，不图虚名，不务虚功，以身作则带领群众把各项工作落到实处。要牢固树立劳动最光荣、劳动最崇高、劳动最伟大、劳动最美丽的观念，让全体人民进一步焕发劳动热情、释放创造潜能，依靠辛勤劳动、诚实劳动、创造性劳动开创更加美好的生活。

---

[1]《习近平关于实现中华民族伟大复兴的中国梦论述摘编》，中央文献出版社2013年版，第78页。

第三章

中华民族伟大复兴征途中取得的辉煌成就

新中国成立以来，中国共产党团结带领全国各族人民，砥砺奋进，顽强拼搏，实现了经济社会的跨越式发展。在追求国家富强、民族振兴和人民幸福的伟大征程上，中国共产党带领人民始终初心不改、矢志不渝，擘画了波澜壮阔的美丽画卷，谱写了感天动地的华彩乐章。特别是党的十八大以来，在以习近平同志为核心的党中央坚强领导下，党和国家事业取得历史性成就、发生历史性变革，中华民族伟大复兴征途取得辉煌成就，中国特色社会主义进入新时代。

第一节

迎来了从站起来、富起来到强起来的伟大飞跃

1949年10月1日，毛泽东主席在天安门城楼上庄严宣告中华人民共和国成立。七十多年来，我国完成社会主义革命，推进社会主义建设，进行改革开放新的伟大革命，极大地解放和发展了社会生产力。在新的历史条件下，我国不断夺取中国特色社会主义伟大胜利，决胜全面建成小康社会，进而全面建设社会主义现代化强国。

一、新中国建立，中国人民站起来了

1840年鸦片战争爆发后，西方列强用坚船利炮轰开了腐朽的晚清政府统治坚壁，中国危机四起、人民苦难深重，陷入半殖民地半封建社会的黑暗深渊。实现中华民族伟大复兴始终是近代以来中

国人民最伟大的梦想，不甘沉沦的仁人志士不断探索救国图强道路。十月革命一声炮响，给中国送来了马克思列宁主义。马克思列宁主义，为中国人民点亮了前进的灯塔；1921年中国共产党成立，使中国人民有了前进的主心骨。以毛泽东同志为主要代表的中国共产党人，把马克思列宁主义的基本原理同中国革命的具体实践结合起来，创立了毛泽东思想，指导中国共产党团结带领全国各族人民推翻了帝国主义、封建主义、官僚资本主义统治，夺取了新民主主义革命胜利。

1949年10月1日，中华人民共和国成立，中国实现从几千年封建专制政治向人民民主的伟大飞跃，实现高度统一和各民族空前团结，彻底结束了旧中国半殖民地半封建社会的历史。这一伟大奋斗历程和成果充分印证了毛泽东同志所说的“我们中华民族有同自己的敌人血战到底的气概，有在自力更生的基础上光复旧物的决心，有自立于世界民族之林的能力”[1]。

新中国成立以后，以毛泽东同志为核心的党中央带领全党全国各族人民创造性地完成社会主义改造，成功实现中国历史上最深刻、最伟大的社会变革。1956年，社会主义改造基本完成，社会主义基本制度初步确立，党中央对适合国情的社会主义建设道路进行艰辛探索，带领全国各族人民建立以生产资料公有制为基础的

[1]《论反对日本帝国主义的策略》(1935年12月27日)，《毛泽东选集》第一卷，人民出版社、解放军出版社1991年版，第142-169页。

国民经济体系和工业体系。从此以后，中国社会发生了翻天覆地的变化，成渝铁路、康藏公路、武汉长江大桥等运输网络铺设开来，“两弹一星”发射成功、第一艘核潜艇研制成功、第一台集成电路计算机研制成功、第一次回收发射的人造地球卫星成功等，重大科研成果接连涌现。

仅仅二十余载，中国就基本告别了“一穷二白”的局面，建成了门类比较齐全、独立的工业体系，完成了从一个典型农业国向工业国转变的历史进程，世界影响力逐步提升。1978年，我国国内生产总值从1952年的679亿元增加到3 679亿元，年均实际增长6.2%，快于同期4.7%的世界平均水平。这一时期为我国改革开放和现代化建设积累了丰富的历史经验和物质基础，“站起来”为我国“富起来”“强起来”奠定了坚实保障。

二、改革开放，中国人民开始富起来了

改革开放是决定当代中国命运的关键一招，中国共产党深刻认识到，合乎时代潮流、顺应人民意愿、勇于改革开放，实现中华民族伟大复兴，是保持全党和全国各族人民始终奋勇前进的强大动力。“富起来”是从“站起来”走向“强起来”的关键节点。

1978年12月，中国共产党召开十一届三中全会，开启了改革开放和中国特色社会主义新征程。在新时期，党坚持以经济建设为中心，坚持四项基本原则，坚持改革开放，制定了社会主义初级阶

段的基本路线。安徽小岗村家庭联产承包责任制揭开了中国农村改革大幕，宁江机床厂等六家企业自主权改革试点打开计划经济缺口，所有制改革、计划与市场关系的改革，成为贯穿经济体制改革的两条主线。邓小平同志根据我国所处的发展阶段和根本任务，制定了现代化建设“三步走”发展战略。从搞好国营大中小企业、发展个体私营经济到深化国资国企改革，从单一公有制到公有制为主体、多种所有制经济共同发展和坚持“两个毫不动摇”，从传统的计划经济体制到社会主义市场经济体制，在社会主义条件下发展市场经济，成为中国共产党的一个伟大创举。经济体制改革等一系列重大改革扎实推进，各项便民、惠民、利民举措持续实施，改革成为当代中国最显著的特征、最壮丽的气象。

社会主义市场经济的建立和发展，又为我国对外开放全面参与经济全球化提供了渠道和机制。在中国共产党的领导下，中国持续深化经济体制改革，打开对外开放大门。从建立深圳等4个经济特区到开放沿海、沿江、沿边、内陆，开发开放浦东和海南等，再到加入世界贸易组织（WTO），充分利用国际国内两个市场、两种资源，国际竞争力不断增强，2012年货物进出口总额提高至3.87万亿美元，处于世界第二位。广泛深入的国际合作加快了中国经济发展，也为世界经济发展作出重大贡献。中国经济社会发生的巨大变化，绘就了一幅幅改革开放波澜壮阔的历史图景，“富起来”的道路越走越坚定、越走越踏实。

改革开放以来，中国共产党无惧风高浪急，无畏艰难险阻，聚精会神搞建设，铆足干劲谋发展，综合国力日益增强，生产力水平不断提高，人民生活水平显著改善。1979—2012年，国内生产总值从3 679亿元增长至538 580亿元，年均实际增长9.9%，远超同期世界经济年均增长率；人均国内生产总值从229美元增长至约6 317美元，增长了约26.6倍，成功从低收入国家迈入中等收入国家行列。与此同时，中国建立了全球最完整的现代工业体系，多种主要农产品产量位居世界第一；钢、煤、水泥等产量居第一位，发电量居第二位。基础设施建设取得突破性进展，城乡面貌焕然一新。这场规模宏大、影响深远的发展伟业，彰显了中国特色社会主义的优越性和生命力，中华民族正以崭新姿态屹立于世界的东方。

三、新时代，中国人民迎来了强起来的伟大飞跃

党的十八大以来，以习近平同志为核心的党中央把马克思主义基本原理同新时代中国具体实际结合起来，团结带领全党全国各族人民，统筹推进“五位一体”总体布局，协调推进“四个全面”战略布局，奋力推进改革开放伟大事业。经过长期努力，中国特色社会主义进入新时代，意味着近代以来久经磨难的中华民族迎来了从站起来、富起来到强起来的伟大飞跃，迎来了实现中华民族伟大复兴的光明前景。

党的十八大以来，中国正逐步“强起来”，以习近平同志为核

心的党中央深刻把握经济规律，坚定不移贯彻新发展理念，转变发展方式，发展质量和效益不断提升。2013—2019年，国内生产总值从592 963亿元增长至990 865亿元，年均实际增长7%，稳居世界第二，对世界经济增长年均贡献率接近30%，成为拉动世界经济增长的火车头。供给侧结构性改革深入推进，经济结构不断优化，数字经济等新兴产业蓬勃发展。基础设施建设成就显著，建成了世界上最大的高速公路网、高铁运营网和移动宽带网，高铁、公路、桥梁、港口、机场等基础设施建设快速推进。农业现代化稳步推进，主要农产品产量跃居世界前列，粮食生产能力达到12 000亿斤。城镇化进程快速推进，区域发展协调性增强，京津冀协同发展、长江经济带发展、粤港澳大湾区建设、长三角一体化发展、黄河流域生态保护和高质量发展成效显著。创新驱动发展战略大力实施，创新型国家建设成果丰硕，天宫、蛟龙、天眼、悟空、墨子、大飞机、北斗导航等重大科技成果相继问世，中国创新速度令世界瞩目。开放型经济新体制逐步健全，高水平对外开放持续推进，“一带一路”倡议、设立自由贸易试验区、谋划中国特色自由贸易港、成功举办首届中国国际进口博览会等重大举措陆续推出。中国已发展成为世界第二大经济体、第一大工业国、第一大货物贸易国、第一大外汇储备国、第二大外资流入国。

经济建设取得重大成就的同时，人民生活也在不断改善。就业规模不断扩大，就业结构逐步改善，居民收入持续增加，消费水平不断提高，社会保障不断加强，织就广覆盖的民生安全网，贫困人口大幅减少，对全球减贫事业贡献巨大。到2020年我国将实现现行标准下农村贫困人口全面脱贫，让贫困人口和贫困地区同全国一道进入全面小康社会是中国共产党的庄严承诺，充分彰显了“集中力量办大事”的中国特色社会主义制度的优越性所在。党的十八大以来，我国在发展中更加注重处理好经济发展与生态环境保护的关系，“绿水青山就是金山银山”的理念深入人心，环境保护力度不断加大，强化制度执行，引导形成绿色生产生活方式，建设美丽中国，中华大地天更蓝、山更绿、水更清、环境更优美，生态获得感进一步增强。

“强起来”，既是新时代中国共产党的历史使命，也是全国各族人民对国家前途命运千百年来梦寐以求的夙愿。党的十九大对中国发展作出了战略部署，从十九大到二十大，是“两个一百年”奋斗目标的历史交汇期。我们既要全面建成小康社会、实现第一个百年奋斗目标，又要乘势而上开启全面建设社会主义现代化国家新征程，向第二个百年奋斗目标进军。综合分析国际国内形势和我国发展条件，从2020年到本世纪中叶可以分两个阶段来安排。第一个阶段，从2020年到2035年，在全面建成小康社会的基础上，再奋斗15年，基本实现社会主义现代化。第二个阶段，从2035年到本世纪中叶，在基本实现现代化的基础上，再奋斗15年，把我国建成富强民主文明和谐美丽的社会主义现代化强国。

“强国”成为党的十九大报告的高频词，除了明确提出“建成富强民主文明和谐美丽的社会主义现代化强国”战略目标外，在

“加快建设创新型国家”中提出了“科技强国”“质量强国”“航天强国”“网络强国”“交通强国”等一系列具体目标。此外，还提出了“制造强国”“海洋强国”“贸易强国”“文化强国”“体育强国”“教育强国”“人才强国”等目标。

神州大地发生的史诗级巨变，向世界昭示着中国特色社会主义必然可以使中国“强起来”。“潮平岸阔催人进，风正扬帆当有为。”历史不会终结，奋斗未有穷期。全党全国各族人民紧密团结在以习近平同志为核心的党中央周围，高举中国特色社会主义伟大旗帜，锐意进取，埋头苦干，为实现推进现代化建设、完成祖国统一、维护世界和平与促进共同发展三大历史任务，为决胜全面建成小康社会、夺取新时代中国特色社会主义伟大胜利、实现中华民族伟大复兴的中国梦、实现人民对美好生活的向往继续奋斗。

第二节

综合国力、社会生产力、人民生活大幅度提升

新中国成立七十多年来，在中国共产党的坚强领导下，全国各族人民勠力同心，迎难而上，开拓进取，从封闭落后迈向开放进步，从温饱不足迈向全面小康，从积贫积弱迈向繁荣富强，创造了一个又一个人类发展史上的伟大奇迹，正阔步走在中华民族伟大复兴的新征程上。

一、经济总量位居世界第二

新中国成立七十多年来，我国经济规模不断扩大，综合国力日益提高，对世界经济增长的贡献大幅提升，经济发展结构日益优化，国际地位和对外影响力显著上升。

（一）国民经济持续增长，经济总量连上新台阶

新中国成立初期，我国民生凋敝、百废待兴。1952年，我国国内生产总值约为679亿元，人均国内生产总值仅有119元。到1978年国内生产总值上升至3 679亿元，占世界比重为1.8%，仅为美国的6.3%、日本的14.8%。改革开放以来，我国经济发展驶入快车道，1986年经济总量首次突破1万亿元，2000年跨越10万亿元大关（图3-1），超过意大利成为世界第六大经济体。2001年加入世界贸易组织后，我国经济融入全球发展大潮，并进入飞速发展期，其间有

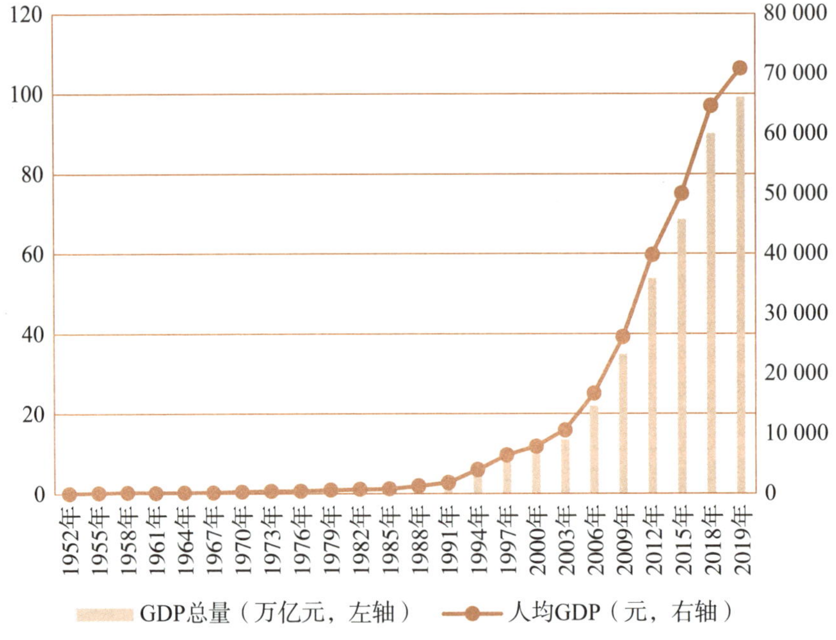

图3-1　中国经济总量与人均量变动情况

数据来源：国家统计局。

6年的经济增速达到两位数。2010年我国经济规模超过日本，跃升至世界第二（图3-2）。同年，我国制造业增加值占世界比重为19.8%，超过美国成为全球制造业第一大国。党的十八大以来，我国综合国力日趋增强，经济总量连续跨越60万亿、70万亿、80万亿和90万亿元大关，逼近100万亿元。2019年我国国内生产总值达990 865亿元，占世界经济的比重约16.3%，相当于美国的67%、日本的2.8倍。按不变价计算，2019年国内生产总值比1978年增长38.2倍，年均增长9.4%；人均国内生产总值70 892元，按年平均汇率折算为10 276美元，首次突破1万美元，与高收入国家差距进一步缩小。

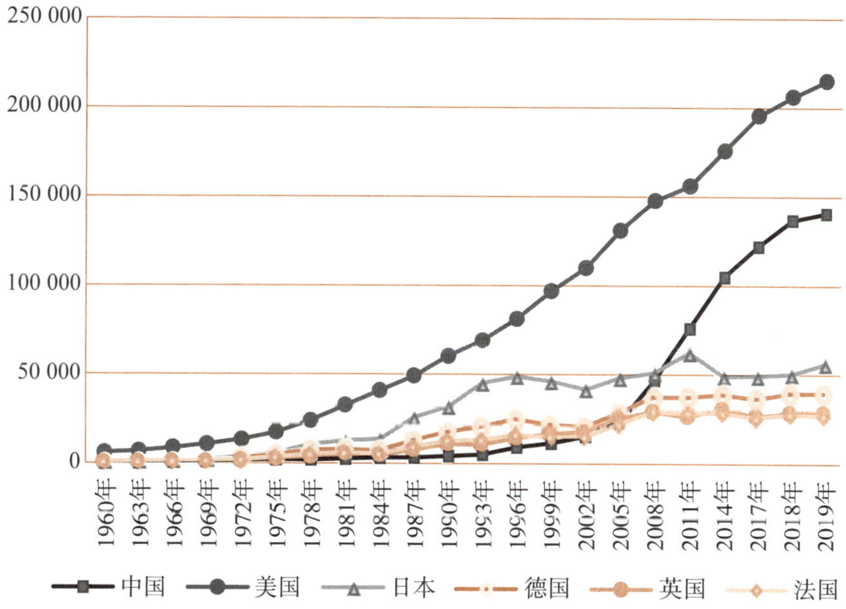

图3-2 中国经济总量与世界主要国家对比（单位：亿美元）

数据来源：国家统计局。

（二）产业结构不断优化，三次产业发展趋于均衡

新中国成立初期，我国农业占国内生产总值比重最高，工业和服务业占比相对较低。1952年，第一、二、三产业增加值占国内生产总值比重分别为50.5%、20.8%和28.7%。20世纪50—70年代，随着工业化进程不断推进，我国制定实行“重点发展重工业”方针，第二产业比重逐年提高。1978年，第一、二、三产业比重分别为27.7%、47.7%和24.6%（图3–3）。改革开放以来，社会主义市场经济体制逐步建立，产业结构调整持续深入，农业基础巩固加

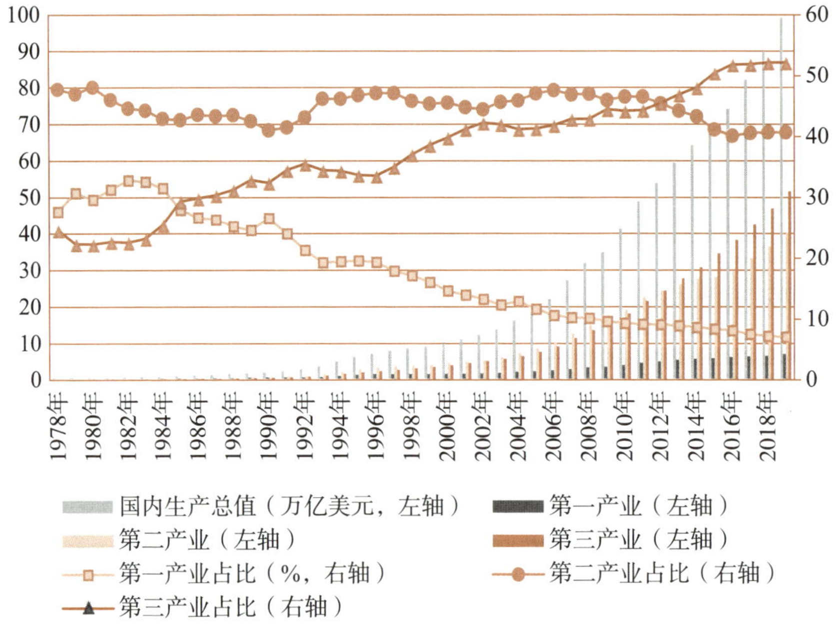

图3–3　国内生产总值及产业结构变化趋势

数据来源：国家统计局。

强，工业和服务业发展水平不断提高。2011年，第三产业就业比重提高至35.7%，首次超过第一产业，成为吸纳就业最多的产业。2012年，第三产业增加值比重达到45.5%，首次超过第二产业，成为拉动国民经济增长的第一大产业。党的十八大以来，我国加快推进经济结构调整和转型升级，农业、工业、服务业协调发展。2019年，第一、二、三产业增加值比重分别为7.1%、39.0%、53.9%，对经济增长的贡献率分别为3.8%、36.8%和59.4%；就业比重分别为25.1%、27.5%、47.4%。

（三）国际经济地位显著提升，大国影响力日益彰显

改革开放以前，我国进出口贸易体量较小，对外贸易力量薄弱。1950年，货物进出口总额仅为11.3亿美元。1978年，货物进出口总额为206亿美元，居世界第29位，贸易逆差11.4亿美元。改革开放以来特别是加入世界贸易组织（WTO）后，我国对外贸易发展迅速，2019年我国货物进出口总额达到4.58万亿美元，比1978年增长221倍。其中，出口额2.5万亿美元，进口额2.1万亿美元，货物贸易进出口顺差4 212亿美元。2019年，我国服务贸易进出口7 850亿美元，比1982年增长166倍。党的十八大以来，我国全面开展多边经贸合作，积极推进贸易投资自由化便利化，多边经贸关系和区域合作全面发展，共建“一带一路”效果显现。2019年，我国对“一带一路”沿线国家货物贸易进出口总额9.27万亿元，同比增长10.8%。与此同时，随着我国市场准入条件放宽、投资环境

优化，外资引进规模持续增加。2019年我国实际使用外商直接投资达1 381亿美元，与1983年9.2亿美元相比，增长149倍，年均增长14.9%。我国企业加快对外投资步伐，2019年我国非金融类对外直接投资1 106亿美元，比2003年增长37.8倍。

二、劳动生产率持续提高

新中国成立七十多年来，我国劳动生产率持续稳定提高。特别是改革开放以来，劳动生产率变化呈现“高、快、小”等特征，劳动生产率水平大幅提高、劳动生产率增速较快、劳动生产率波动较小，正在逐渐缩小与世界平均水平、美日欧等发达经济体的差距。

（一）劳动生产率水平大幅提高，与发达国家差距缩小

改革开放以来，我国劳动生产率水平持续稳定提高，特别是近30年来提高较快。1991年单位劳动产出仅有1 426美元/人，此后逐年稳步提高，2019年已提高至15 332美元/人，增长了大约9.8倍（表3-1）。而1991—2019年，美国、日本的单位劳动产出仅增长了0.52倍和0.22倍。同时，我国与世界平均水平及发达国家的差距不断缩小，1991年劳动生产率仅相当于世界平均水平的8.4%，2019年已达到59.7%；我国劳动生产率水平相当于美国的比重从1991年的1.9%提升至2019年的13.4%。

表3-1 1991—2019年世界及主要国家（地区）劳动生产率变化情况

单位：美元/人

年度	中国	美国	日本	欧盟	世界
1991	1 426	74 951	76 419	58 738	16 980
1992	1 602	76 892	76 168	59 852	16 973
1993	1 798	77 671	75 634	60 801	16 990
1994	2 004	78 645	76 337	62 851	17 225
1995	2 197	79 219	78 266	64 234	17 490
1996	2 375	80 904	80 219	65 333	17 796
1997	2 567	82 643	80 359	66 746	18 159
1998	2 746	84 849	79 958	68 078	18 371
1999	2 929	87 400	80 511	69 389	18 664
2000	3 140	89 587	82 964	71 328	19 139
2001	3 402	90 585	83 628	72 296	19 274
2002	3 699	92 673	84 616	73 211	19 465
2003	4 045	95 138	85 957	73 550	19 740
2004	4 412	97 571	87 743	75 043	20 232
2005	4 885	99 296	88 911	75 646	20 673
2006	5 470	100 410	89 799	76 886	21 241
2007	6 216	101 440	90 632	77 821	21 795
2008	6 813	101 387	89 792	77 406	21 943
2009	7 452	102 527	86 152	75 396	21 501
2010	8 223	105 735	90 101	77 241	22 211
2011	8 981	106 512	90 291	78 836	22 682
2012	9 659	106 729	91 991	78 711	23 007
2013	10 386	107 792	93 070	78 981	23 381
2014	11 126	108 477	92 742	79 527	23 762
2015	11 883	109 817	93 417	80 427	24 153

续表

年度	中国	美国	日本	欧盟	世界
2016	12 665	109 715	93 012	80 857	24 492
2017	13 509	110 367	93 898	81 651	24 947
2018	14 402	112 038	92 776	82 217	25 354
2019	15 332	114 003	93 851	82 912	25 700

数据来源：国际劳工组织（2010年不变价美元）。

（二）劳动生产率增速较快，明显高于发达国家增速

改革开放以来，我国劳动生产率保持快速增长势头。1992—2019年，我国劳动生产率年均增长8.9%，大大高于同期世界1.5%的平均水平（表3-2）。特别是在国际金融危机前的2005—2007年，均实现了两位数的增长。与此同时，我国劳动生产率增速快于世界主要国家。1992—2019年，我国劳动生产率年均增速明显高于美国1.5%、日本0.7%和欧盟1.2%的水平，比印度高出4个百分点。

表3-2　1992—2019年世界及主要国家（地区）劳动生产率增长情况

单位：%

年度	中国	美国	日本	欧盟	印度	世界
1992	12.3	2.6	−0.3	1.9	3.2	0.0
1993	12.2	1.0	−0.7	1.6	2.4	0.1
1994	11.5	1.3	0.9	3.4	4.1	1.4
1995	9.6	0.7	2.5	2.2	5.2	1.5

续表

年度	中国	美国	日本	欧盟	印度	世界
1996	8.1	2.1	2.5	1.7	5.3	1.7
1997	8.1	2.1	0.2	2.2	1.8	2.0
1998	7.0	2.7	−0.5	2.0	3.9	1.2
1999	6.7	3.0	0.7	1.9	6.5	1.6
2000	7.2	2.5	3.0	2.8	1.6	2.5
2001	8.3	1.1	0.8	1.4	2.3	0.7
2002	8.7	2.3	1.2	1.3	1.3	1.0
2003	9.4	2.7	1.6	0.5	5.2	1.4
2004	9.1	2.6	2.1	2.0	5.2	2.5
2005	10.7	1.8	1.3	0.8	5.2	2.2
2006	12.0	1.1	1.0	1.6	7.3	2.7
2007	13.6	1.0	0.9	1.2	6.9	2.6
2008	9.6	−0.1	−0.9	−0.5	2.5	0.7
2009	9.4	1.1	−4.1	−2.6	7.6	−2.0
2010	10.3	3.1	4.6	2.4	8.0	3.3
2011	9.2	0.7	0.2	2.1	5.1	2.1
2012	7.5	0.2	1.9	−0.2	5.3	1.4
2013	7.5	1.0	2.3	0.3	5.4	1.6
2014	7.1	0.6	−0.4	0.7	6.3	1.6
2015	6.8	1.2	0.7	1.1	7.0	1.6
2016	6.6	−0.1	−0.4	0.5	7.2	1.4
2017	6.7	0.6	1.0	1.0	6.3	1.9
2018	6.6	1.5	−1.2	0.7	6.1	1.6
2019	6.1	1.8	1.2	0.8	4.8	1.4
平均	8.9	1.5	0.7	1.2	4.9	1.5

数据来源：国际劳工组织（2010年不变价美元）。

（三）劳动生产率波动较小，较发达国家增长更稳

改革开放以来，我国劳动生产率呈现出波动较小的特征（表3–2）。1997年亚洲金融危机对我国劳动生产率产生一定影响，但较日本的影响更小。1998年，我国劳动生产率增速从1997年的8.1%降至7.0%，日本从0.2%降至–0.5%。受2008年国际金融危机影响，我国劳动生产率增速略有回落，但2008—2019年劳动生产率年均增速仍达7.8%。2008、2009年国际金融危机期间，我国劳动生产率增速仍保持9.6%和9.4%的较高增速，而同期美国、日本和欧盟均出现大幅放缓，甚至降至负增长。2008年美日欧的劳动生产率增速分别从2007年的1.0%、0.9%、1.2%降至–0.1%、–0.9%、–0.5%，2009年日本和欧盟的增速更是降至–4.1%、–2.6%，均出现大幅波动。

三、人民生活极大改善

新中国成立七十多年来，我国在发展经济的同时，坚持不断改善民生、积极扩大就业、努力增加居民收入、逐步完善社会保障，始终将人民生活需要放在首位，人民生活从温饱不足到实现总体小康，正在大步迈向全面小康。

（一）就业形势持续向好，就业结构不断改善

新中国成立初期，经济凋敝，大批城镇劳动力处于失业状态。

1949年末，全国城乡就业人员约18 082万人，城镇就业人员仅1 533万人，城镇失业率高达23.6%。20世纪50—70年代，我国经济持续发展，就业状况得到改善。1978年末，全国就业人员超4亿人，其中城镇就业人员9 514万人。改革开放以来，就业形势持续向好，就业总量大幅增加，大量农村剩余劳动力开始向第二、三产业转移。2019年末，全国就业人员增加至77 471万人，比1949年末增长约3.3倍。其中，城镇就业人员增加至44 247万人，自2013年起连续7年新增就业人员超过1 300万人。全国就业人员中，第一、二、三产业就业人员占比分别为25.1%、27.5%、47.4%（图3–4）。

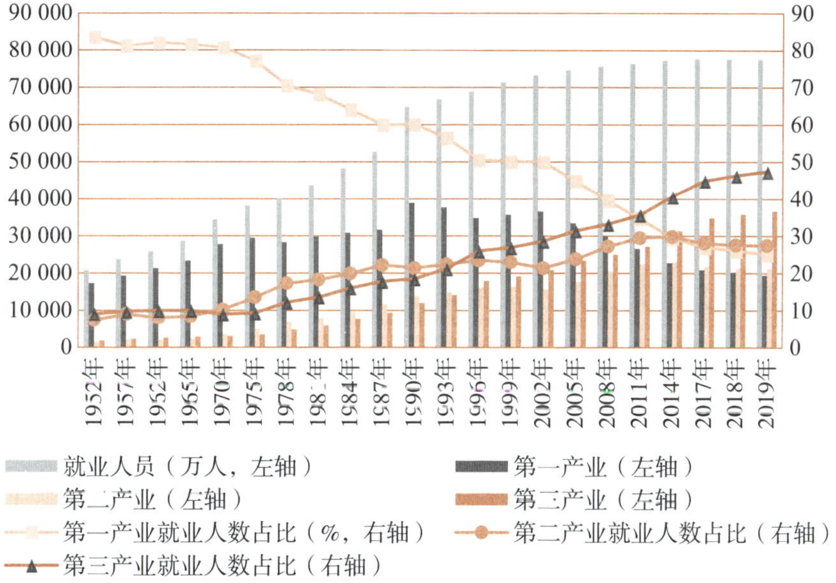

图3–4　全国三次产业就业人数变化及占比

数据来源：国家统计局。

（二）居民收入持续增加，消费水平不断提升

新中国成立初期，我国居民收入和消费水平很低。1956年，全国居民人均可支配收入98元，人均消费支出88元。由于人口增长快、积累和消费关系不合理等原因，1978年全国居民人均可支配收入与人均消费支出分别为171元和151元，居民收入与消费水平“双低”对经济社会发展推动力不足。改革开放以来，居民收入不断增加，社会保障日趋完善，消费水平快速提高，人民生活质量极大改善。2009年全国居民人均可支配收入首次破万，2014年进一步超越2万元大关，2019年全国居民人均可支配收入达到30 733元，比1978年实际增长约25.8倍。居民收入增加的同时，消费能力也大幅提升。2019年，全国居民人均消费支出21 559元，首次超过2万元，比1978年实际增长约20.3倍。家电、汽车等耐用消费品拥有量大幅增加，2018年城镇和农村居民家庭平均每百户家用汽车、彩色电视机拥有量分别达41.0辆、22.3辆和121.3台、116.6台。特别是党的十八大以来，农村居民人均可支配收入实际增速连续多年快于城镇居民，城乡居民收入差距不断缩小。

（三）社会保障持续加强，民生安全不断提高

新中国成立初期，我国社会保障基本空白。20世纪50—70年代，开始由国家和单位对城镇职工提供劳保等一定福利，并由集体对农民实行少量保障。改革开放以来，为适应经济社会发展需

要，我国社会保障制度逐步建立，覆盖面不断扩大，待遇水平逐步提升。党的十八大以来，我国织就了世界上最大的社会保障网。2019年末，全国参加城镇职工基本养老保险人数达43 482万人，参加失业保险人数20 543万人，基本养老保险参保人员超过9亿人，医疗保险参保人员超过13亿人，全民医保基本实现。

（四）贫困人口大幅减少，脱贫攻坚成绩斐然

新中国成立初期，国家积贫积弱，人民贫困如洗。20世纪50—70年代，城乡居民生活有所改善，但农村贫困问题依旧突出。1978年末我国农村贫困人口7.7亿人，农村贫困发生率高达97.5%。改革开放以来，随着农业、农村改革不断深入和扶贫开发大力推进，贫困人口大幅减少。2012年末我国农村贫困人口下降至9 899万人，农村贫困发生率降至10.2%。党的十八大以来，扶贫力度进一步加大，精准脱贫政策陆续出台，特别是脱贫攻坚战大力推进，贫困人口脱贫明显加快。2019年，农村贫困人口降至551万人，贫困发生率降至0.6%。我国农村从普遍贫困走向整体消灭绝对贫困，成为首个实现联合国减贫目标的发展中国家，脱贫攻坚成绩斐然。

回顾往昔，我国取得的成绩来之不易，走过了一条波澜壮阔的发展道路。展望未来，明天将更加美好。风雨砥砺不忘初心，春华秋实继往开来。站在新的历史关口，在以习近平同志为核心的党中央坚强领导下，我国经济社会发展之路必然会越走越笃定，越走越坚实，越走越宽广，中华民族伟大复兴的中国梦必将实现。

第三节

“五位一体”建设统筹推进

2020年是新中国成立71周年，也是全面建成小康社会的收官之年。中国共产党带领全国各族人民不断奋进，克服重重困难，经济建设、政治建设、文化建设、社会建设和生态文明建设等各个领域取得了举世瞩目的伟大成就，经济进入高质量发展阶段，政治建设取得重大成就，文化整体实力日益增强，社会建设实现繁荣发展，生态文明建设取得突破。

一、我国经济进入高质量发展阶段

新中国成立七十多年来，我国经济总量快速增长，特别是改革开放以来，我国经济进入高质量发展阶段，正在由速度型转向效益型、粗放型转向集约型、要素扩张型转向创新驱动型、外需拉动型转向内需主导型。

（一）由速度型转向效益型，高质量发展特征日益突出

改革开放以来，我国经济增长步入快速车道，国内生产总值年均增速远高于同期世界经济年均增速。党的十八大以来，以习近平同志为核心的党中央经过科学研判，提出了我国经济发展进入新常态的论断。党的十九大报告指出，我国经济已由高速增长阶段转向高质量发展阶段，正处在转变发展方式、优化经济结构、转换增长动力的攻关期。高质量发展要求经济发展从注重数量规模向注重质量效益转变，更加追求结构优化、质量提高、效益提升。2019年，全国高技术制造业和战略性新兴产业增加值分别比上年增长8.8%和8.4%，增速分别比规模以上工业快3.1和2.7个百分点；全国高技术产业投资增长17.3%，快于全部投资11.9个百分点，高技术制造业和高技术服务业投资分别增长17.7%和16.5%。我国经济发展新动能继续壮大，新产业、新业态、新商业模式加快成长，经济活力进一步增强，有力推动经济迈向高质量发展。2015—2019年，我国经济发展新动能指数分别为124.8、159.1、204.1、269.0和332.0，分别比上年增长24.8%、27.5%、28.3%、31.8%和23.4%。

（二）由粗放型转向集约型，发展内涵更加丰富

改革开放以来，高投入、高消耗、高污染、低效益的粗放型经

济增长方式，造成了资源供应紧张和环境严重污染。党的十八大以来，以习近平同志为核心的党中央大力推进供给侧结构性改革，加快淘汰落后产能、化解过剩产能，鼓励企业加大科技投入，实现产品更新换代，进一步节约资源、降低能耗，加快向低投入、高产出、高效益的集约型经济增长转变。2019年，我国单位国内生产总值能耗（2005年价）从2012年的1.06吨标准煤/万元下降到0.80吨标准煤/万元，累计下降24.5%。

（三）由要素扩张转向创新驱动，发展势头更加强劲

改革开放以来，我国经济实现了四十多年的高速增长，资本、劳动力和土地等传统优势发挥了重要支撑作用，但随着人口红利逐渐消失、投资效应减弱和土地约束增强，依靠要素扩张的经济发展模式难以为继。党的十八大作出“实施创新驱动发展战略”的重大部署，强调科技创新是提高社会生产力和综合国力的战略支撑，必须摆在国家发展全局的核心位置。党的十九大报告指出，创新是引领发展的第一动力，是建设现代化经济体系的战略支撑。加快建设创新型国家，既是推动我国经济社会持续健康发展的必然选择，也是实现中华民族伟大复兴的必经之路。2019年，我国全社会研发经费支出达到2.17万亿元，年均增长15.8%，占国内生产总值的比重达到2.19%，创新能力指数排名世界第15位，进入世界创新型国家行列；科技进步贡献率高达59.5%。另外，高铁、5G移动通信、新能源等高新技术

产业发展水平名列世界前茅。

（四）由外需拉动转向内需主导，发展动力更加均衡

改革开放以来，我国对外贸易发展迅速，外需对经济增长贡献日趋凸显。特别是2001年加入世界贸易组织后，货物和服务贸易进出口总额从2001年的48 677亿元迅速增长至2008年的202 303亿元。但随着金融危机后外部环境变化剧烈、贸易保护主义抬头，我国外部需求出现增长速度放缓、增长动力减弱、贡献率有所降低等现象。党的十八大报告指出，要适应国内外经济形势新变化，着力培育开放型经济发展新优势，使经济发展更多依靠内需特别是消费需求拉动。党的十九大以来，我国需求结构不断优化，消费对经济增长的拉动作用持续增强。我国货物和服务贸易依存度从2006年的71.6%的峰值下降至2019年的37.2%（图3–5），最终消费支出对国内生产总值增长的贡献率提高至57.8%，连续6年成为我国经济增长的第一推动力。2020年受全球新冠肺炎疫情影响，我国依靠内需主导的发展方式转型步伐加快。未来，我国将进一步把满足国内需求作为发展的出发点和落脚点，加快构建完整的内需体系，逐步形成以国内大循环为主体、国内国际双循环相互促进的新发展格局。

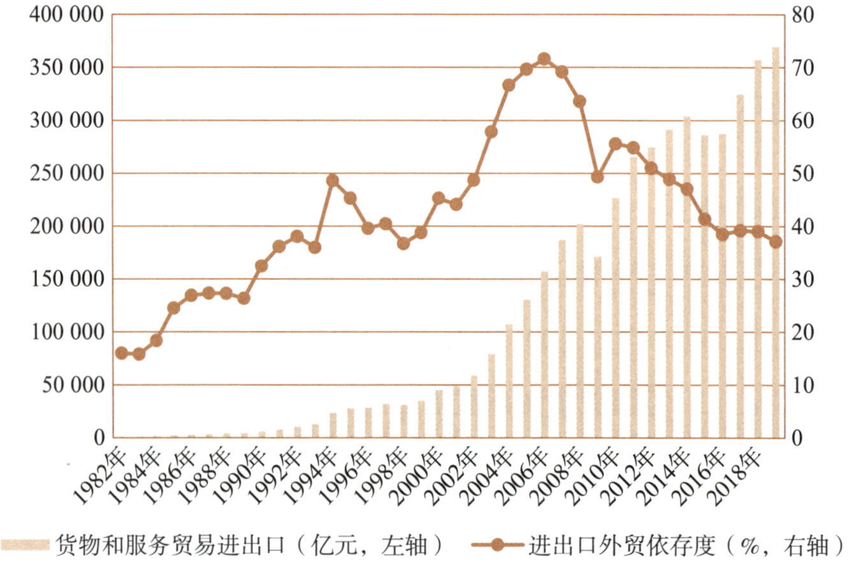

图3-5　我国贸易规模及外贸依存度变化趋势

数据来源：国家统计局。

二、民主政治建设取得重大成就

新中国成立七十多年来，中国共产党高度重视社会主义民主政治建设，实现了中华民族从几千年封建半封建专制政治到人民民主政治的伟大历史跨越，民主法治建设迈出重大步伐。在中国共产党的领导下，新中国确立了人民民主专政的国家政权，坚持和完善人民代表大会制度、中国共产党领导的多党合作和政治协商制度、民族区域自治制度、基层群众自治制度，开辟了一条中国特色社会主义政治发展道路，为经济快速发展、人民安居乐业、社会和谐稳定、国家繁荣富强提供了可靠的有效的政治保证。

（一）完善党的领导制度体系，确保党的政治建设顺利进行

新中国成立以来，党的领导制度体系不断完善，坚持党的领导、人民当家作主、依法治国有机统一的制度建设全面加强。特别是党的十八大以来，随着党的全面领导不断深入，党内法规制度不断健全，党的领导制度体系不断完善、丰富和发展，建立不忘初心、牢记使命的制度，完善坚定维护党中央权威和集中统一领导的各项制度，健全党的全面领导制度，健全为人民执政、靠人民执政各项制度，健全提高党的执政能力和领导水平制度，完善全面从严治党制度。

（二）完善人民当家作主制度保障，实现人民民主政治历史性跨越

新中国成立以来，我国加强人民当家作主制度保障，创造性地建立人民民主专政的国体，坚持和完善人民代表大会制度，坚持中国共产党领导的多党合作和政治协商制度，坚持民族区域自治制度，不断丰富基层群众自治制度，坚持民主与集中相结合的民主集中制原则，人民民主政治实现了伟大的历史性跨越。中国人民在中国共产党正确领导下不断战胜各种艰难险阻，中国经济实力、综合国力、人民生活不断跨上新台阶，中国各民族长期共同团结奋斗、共同繁荣发展，中国社会长期保持和谐稳定。这些事实充分证明，

中国社会主义民主政治具有强大生命力，中国特色社会主义政治发展道路是符合中国国情、保证人民当家作主的正确道路。

（三）深化依法治国实践，推动民主法治建设迈出重大步伐

改革开放以来，我国坚定不移走中国特色社会主义法治道路，完善以宪法为核心的中国特色社会主义法律体系，建设中国特色社会主义法治体系，建设社会主义法治国家，深化依法治国实践取得重大进展，民主法治建设迈出重大步伐。党的十八大以来，以习近平同志为核心的党中央开启了法治建设的新征程，将我国民主法治建设推向一个新的历史阶段。社会主义民主不断发展，科学立法、严格执法、公正司法、全民守法深入推进，法治国家、法治政府、法治社会建设相互促进，中国特色社会主义法治体系日益完善，全社会法治观念明显增强。国家监察体制改革试点取得实效，行政体制改革、司法体制改革、权力运行制约和监督体系建设有效实施。

三、文化整体实力日益增强

新中国成立七十多年来，社会主义文化建设极大地增强了中华民族的凝聚力，培育和弘扬了民族精神，形成了全社会普遍认同的社会主义核心价值体系，满足和丰富了全体人民的精神文化生活，文化软实力已经成为我国综合国力的一个重要组成部分。

（一）社会主义核心价值体系更加完善，文化强国建设扎实推进

新中国成立初期，中国共产党高度重视运用文化引领前进方向、凝聚奋斗力量，文化建设紧紧围绕建立社会主义制度的总任务开展。毛泽东同志先后提出“古为今用，洋为中用”的文化建设基本原则和“百花齐放，百家争鸣”的科学文化工作方针，为我国继承弘扬中华优秀传统文化，吸收借鉴外国进步文化，创作适合本国国情、百姓喜闻乐见的文艺作品提供了根本遵循。改革开放后，邓小平同志提出一手抓物质文明，一手抓精神文明，做到两手抓、两手都要硬。江泽民同志“三个代表”重要思想，阐明了中国共产党要始终代表中国先进文化的前进方向。胡锦涛同志提出，深入推进文化体制改革，推动文化建设和经济建设、政治建设、社会建设协调发展，已成为实现科学发展的必然要求[1]。习近平总书记强调，文化是一个国家、一个民族的灵魂。发展中国特色社会主义文化，就是以马克思主义为指导，坚守中华文化立场，立足当代中国现实，结合当今时代条件，发展面向现代化、面向世界、面向未来的，民族的科学的大众的社会主义文化，推动社会主义精神文明和物质文明协调发展。以习近平同志为核心的党中央紧紧围绕建设社

[1] 在十七届中央政治局第二十二次集体学习时的讲话（2010年7月23日），《人民日报》2010年7月24日。

会主义文化强国的战略目标，坚定文化自信，培育和弘扬社会主义核心价值观，推动社会主义文化繁荣发展。

（二）文化事业繁荣兴盛，文化服务体系不断完善

新中国成立初期，我国文化事业发展落后，公共文化基础设施极其缺乏，广播、图书、报纸严重不足，1949年全国仅有55个公共图书馆和21家博物馆。改革开放以来，文化发展迎来了新契机，覆盖城乡的公共文化体系逐步建立。1979—2018年，文化事业费年均增长14.3%，文化投入力度明显加大，国家、省、市、县、乡镇（社区）和行政村的六级公共文化设施加快建设，基本建成了覆盖城乡的公共文化服务设施网络。文化事业公益性特色更加凸显，各级各类国有博物馆、纪念馆、美术馆、图书馆、文化馆、爱国主义教育基地等公共文化设施逐步实行了免费开放或优惠开放，为广大人民群众提供更多更好的公共文化服务。党的十八大以来，社会主义文化强国建设扎实推进，文化自信理念逐渐深入，文化事业繁荣发展，公共文化服务体系基本建成，文化遗产传承保护大力推进，文化软实力逐步增强。2019年末，全国共有公共图书馆3 196个，比1949年增长57倍；博物馆5 119家，比1949年增长243倍；重点文物保护单位5 058处，非物质文化遗产1 372项。2019年，全国共出版各类报纸315亿份，各类期刊22亿册，各类图书102亿册（张）。

（三）文化产业飞速发展，人民群众精神文化生活更加丰富

改革开放后，规模逐渐扩大的文化贸易将海外文化产品带入国内，加速了文化产业的发展。我国先后出台了网络文化、数字内容、动漫等新兴文化产业发展纲要，文化产业化趋势加强，文化产业与互联网、旅游、科技等行业融合发展，形成了文化消费多元化、文化市场开放化、文化政策合理化的格局，大大提高了产业整体竞争力。2018年全国文化及相关产业增加值41 171亿元，比2013年的21 351亿元增长近1倍。文化及相关产业增加值占国内生产总值比重从2013年的3.6%提高至2018年的4.5%。文化产业快速发展的同时，人民群众精神文化生活也更加丰富。党的十八大报告指出，让人民享有健康丰富的精神文化生活，是全面建成小康社会的重要内容。党的十九大报告进一步指出，满足人民过上美好生活的新期待，必须提供丰富的精神食粮。随着城乡居民文化消费水平持续提升，大众精神文化需求增长强劲，有力推动文艺演出和电影市场快速发展。2011—2019年，全国艺术表演团体数量从7 055个增加至17 795个，从业人员从22.66万人增加至41.23万人，演出场次从154.72万场增加至296.80万场。

四、社会建设实现繁荣发展

新中国成立七十多年来，我国大力推动各项社会事业发展，取

得了伟大的历史成就。科教事业蓬勃向上，医疗卫生制度逐渐健全，体育事业长足发展，人民群众获得感不断提升。

（一）科教事业蓬勃向上，科技实力和人口素质显著提升

新中国成立初期，我国教育基础薄弱，科学技术水平落后。1949年，全国普通中学4 045所，在校学生数103.9万人；从事科研的专门机构仅有30多个，科技人员不足5万人。1953年开始实施“一五”计划后，“两弹一星”、人工合成牛胰岛素、杂交水稻等重大科技成果相继诞生，教育事业发展纳入国家计划，基础教育得到迅速发展。1978年，小学教育基本普及，学龄儿童入学率达到95.5%，青壮年文盲率降至5%。改革开放以来，“科教兴国”成为基本国策之一，科学教育事业进入全面加速发展期。特别是党的十八大以来，以习近平同志为核心的党中央高度重视科教事业发展，提出建设教育强国是中华民族伟大复兴的基础工程。科技教育总体发展水平进入世界中上行列，研发经费投入总量位列世界第二。2019年，全社会研究与试验发展经费支出21 737亿元，与国内生产总值之比约为2.19%；全国每万人口发明专利拥有量达到13.3件；载人航天、探月工程、量子科学、深海探测、超级计算、卫星导航等诸多领域科研水平也达到世界顶尖水平；全国高等教育毛入学率达到51.6%，进入了高等教育普及阶段（图3–6）。

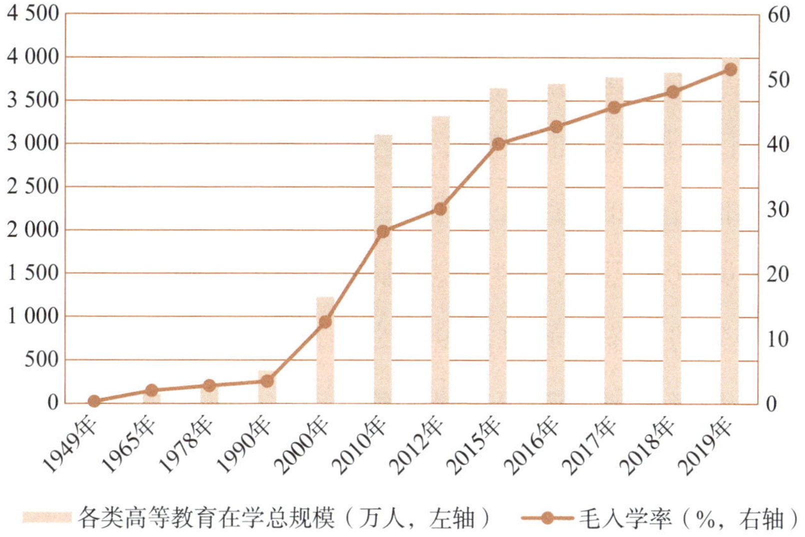

图3-6　我国高等教育规模及入学率变化趋势

数据来源：国家统计局。

（二）医疗卫生制度逐渐健全，国民健康水平持续提高

新中国成立初期，我国医疗卫生水平极低。1949年，全国卫生机构3 670个，卫生技术人员50万人，床位数8万张，每千人口床位数仅0.15张。20世纪50—70年代，我国十分重视公共医疗事业发展，初步建立了公共卫生体系，但医疗卫生事业总体水平依然不高。1978年末，我国医疗卫生机构17万个，卫生技术人员246万人，床位数204万张。改革开放以来，我国不断加大公共卫生领域投入，医疗卫生事业总体水平迅速提高，医疗卫生体系建立健全，疾病防控能力明显增强，居民健康状况显著改善。党的十八大以来，以习近平同志为核心的党中央高度重视人民群众生命安全，坚持把人民

健康放在优先发展战略地位，先后提出了“没有全民健康，就没有全面小康”“人民健康是民族昌盛和国家富强的重要标志”[1]等重要论述。全民医保体系加快健全，医疗卫生事业深入发展，健康中国战略稳步推进。2019年末，全国共有医疗卫生机构101.4万个，卫生技术人员1 010万人，医疗卫生机构床位892万张，人均预期寿命也从1949年的35岁上升为2019年的77.3岁，婴儿死亡率由新中国成立初的200‰下降至2019年的6.1‰。与此同时，党中央坚持以人民为中心的发展思想，不断保障和改善民生，持续扩大就业规模，日益健全社会保障体系，增进人民生活福祉，维护社会和谐稳定。

（三）体育事业长足发展，体育强国征程扬帆起航

新中国成立初期，在毛泽东同志“发展体育运动，增强人民体质”的号召下，群众体育活动广泛开展，竞技体育取得历史性突破。从1956年首次打破世界纪录，到1959年第一次获得世界冠军，我国逐渐摆脱了体育落后的旧面貌。改革开放以来，随着经济发展、社会进步、人民生活水平不断提高，我国体育事业取得长足进步。从1984年首次实现奥运金牌“零”的突破，到2008年北京成功举办夏季奥运会，获取金牌数首次位列榜首，我国成为名副其实的体育大国。党的十八大以来，随着全民健身上升为国家战略，

[1] 在全国卫生与健康大会上的讲话（2016年8月19–20日），《人民日报》2016年8月21日。

"健康中国，你我同行"的理念逐渐深入人心，我国出台了《体育强国建设纲要》，开启了体育强国的新征程。各种运动场所迅速兴起，2019年我国共有各类体育场地316.2万个，人均体育场地面积达到1.86平方米。

五、生态文明建设取得突破

新中国成立七十多年来，我国生态环境保护事业从萌芽起步到蓬勃发展，取得了巨大成就。特别是党的十八大以来，以习近平同志为核心的党中央高瞻远瞩，谋划开展了一系列具有根本性、长远性、开创性的工作，推动我国生态文明理念逐步确立，污染治理成效不断显现，生态环境状况持续好转，生态文明建设扎实推进。

（一）环境保护意识不断增强，生态文明理念逐步确立

改革开放以来，我国环保事业取得了积极进展。20世纪80年代，环境保护成为基本国策。1995年，"可持续发展"战略写入"九五"计划。1997年，党的十五大进一步明确将可持续发展战略作为我国经济发展的战略之一。党的十八大以来，以习近平同志为核心的党中央高度重视生态文明建设，将其纳入中国特色社会主义"五位一体"总体布局中，从党和国家事业发展全局的高度，深刻回答了"为什么建设生态文明"、"建设什么样的生态文明"和"怎样建设生态文明"等重大理论和实践问题，推动生态文明建设和生态环境

保护从实践到认识发生了历史性、转折性、全局性变化，形成了习近平生态文明思想。在党的十九大报告中，首次将“树立和践行绿水青山就是金山银山的理念”写入了中国共产党的党代会报告，提出了“绿水青山就是金山银山”[1]“冰天雪地也是金山银山”[2]“像保护眼睛一样保护生态环境”[3]“山水林田湖草是生命共同体”[4]等一系列新理念新思想新论断，为推进美丽中国建设提供了强大理论指引、根本遵循和实践动力，一幅绿水青山蓝天净土的美丽中国画卷正在徐徐展开。

（二）环境保护制度日趋完善，生态文明建设稳步推进

随着对生态文明建设认识的不断丰富与深入，从1978年“保护环境和自然资源”首次写入宪法，到1989年《中华人民共和国环境保护法》正式颁布实施，再到“生态文明”写入2018年宪法修正案，四十多年来我国已基本形成了科学、系统、完整的生态环境保护法律体系。党的十八届三中全会提出“建设生态文明，必须建立系统完整的生态文明制度体系，用制度保护生态环境”以来，

[1] 在哈萨克斯坦纳扎尔巴耶夫大学的演讲（2013年9月7日），《人民日报》2013年9月8日。
[2] 在参加十二届全国人大四次会议黑龙江代表团审议时的讲话（2016年3月7日），《人民日报》2016年3月8日。
[3] 在十八届中央政治局第四十一次集体学习时的讲话（2017年5月26日），《人民日报》2017年5月27日。
[4] 在全国生态环境保护大会上的讲话（2018年5月18日），《求是》2019年第3期。

我国陆续制定实施了四十多项改革方案和行动计划，初步构建起由自然资源资产产权制度和用途管制制度、生态文明绩效评价考核和责任追究制度、资源有偿使用和生态补偿制度、国土空间保护制度和污染物排放总量控制制度等共同组成的生态文明建设制度体系，为新时代生态文明建设和生态环境保护提供了严密坚实的法律和制度保障，不仅体现了党和国家对生态环保问题的高度重视，也表达了对人与自然和谐共生的深刻追求。党的十八大以来，国家先后开展了保持水土流失、沙（荒）漠化治理等生态修复工程，实施了三北防护林、沿海防护林、长江流域防护林、退耕还林等一系列重大造林工程，持续开展农村人居环境整治行动，大力发展和推广绿色清洁能源，生态文明建设取得巨大成就。

（三）污染防治力度不断加大，生态环境质量持续改善

习近平总书记指出，决不以牺牲环境为代价去换取一时的经济增长，决不走“先污染后治理”的路子[1]，经过几年的持续努力，蓝天、碧水、净土保卫战取得了显著成效，生态环境质量持续改善。随着“生态文明建设”写入党章、载入宪法，成为党和国家最根本的思想遵循和行动指南，“人与自然是生命共同体”“绿水青山就是金山银山”“环境就是民生，青山就是美丽，蓝天也是幸福”

[1]《在十八届中央政治局第六次集体学习时的讲话》（2013年5月24日），《习近平关于全面建成小康社会论述摘编》，中央文献出版社2016年版，第165页。

等生态文明思想广泛深入人心。2019年，全国337个地级及以上城市平均优良天数比例为82%，74个重点城市$PM_{2.5}$小时浓度超过300微克/立方米次数较2013年下降了94.2%；全国地级及以上城市2 899个黑臭水体消除2 513个，十大流域劣V类水质断面比例大幅下降；2018年水土流失面积较2011年减少21万平方千米。

以时间为“经”、以“五位一体”全面发展为“纬”，新中国成立七十多年来，是一幅亿万人民辛勤耕耘、建设强大中国的织锦美绢。七十多年风雨兼程、七十多年沧桑巨变、七十多年春华秋实，中华民族的伟大成就是“干出来”的。展望未来，让我们在以习近平同志为核心的党中央坚强领导下，坚持贯彻落实新发展理念，为实现社会主义现代化强国而努力奋斗。

第四节

工业化、信息化、城镇化、农业现代化同步发展

新中国成立七十多年来，在广袤的神州大地上，我国工业化、信息化、城镇化和农业现代化既上演过辉煌岁月的凯歌行进，也经历了曲折时期的波折起伏，最终取得了举世瞩目的成就。党的十八大将“四化同步”作为新时期现代化发展的主要思路，特别提出“城镇化与农业现代化相互协调，实现工业化、信息化、城镇化和农业现代化协调发展”。

一、工业化信息化深度融合

新中国成立七十多年来，我国工业由小到大、由弱到强，信息通信新技术新应用广泛普及，制造强国和网络强国建设迈出历史性

步伐，走在了新的历史征程上。党的十八大以来，我国工业化和信息化深度融合进一步加快，智能制造发展取得了积极成效。

（一）顺应工业革命发展趋势，从传统农业国转向现代工业国

新中国成立初期，由于自身缺乏发展经验，我国在工业化建设方面借鉴了苏联的经验和做法。20世纪50—70年代，选择优先发展重工业的工业化战略，通过156个重点工业项目、“三线”建设布局以及两次大规模技术引进，基本建成了独立的、比较完整的工业体系。1953—1977年，工业总产值年均增长11.3%。初步工业化的探索实践为改革开放后的加速工业化奠定了基础。1984年以后，我国快速开启工业化进程，把增强企业活力作为城市经济体制改革的中心环节。第一产业增加值占国内生产总值的比重开始持续下降，第二产业增加值占国内生产总值的比重稳步提升。1993年党的十四届三中全会开始全面建设和不断完善社会主义市场经济体制，我国工业化进程快速推进，第一产业占比逐年下降，从1952年的50.5%下降至2019年的7.1%；第二产业占比一直保持了快速提高，从1952年的20.8%提高至2019年的39%。我国在极其薄弱的工业基础上，经过不懈努力，建立了世界最完备的产业体系，技术水平不断提升，加快接近世界前列，是现代中国的重大经济成就。

（二）对外合作深入开展，工业国际竞争力显著增强

改革开放以来，以加入世界贸易组织为标志，我国全方位、多

层次、宽领域的对外开放格局逐步形成，国内主要工业产品产量增长显著，高技术制造业取得长足进步，国际竞争力显著增强。根据世界银行统计，按现价美元测算，2010年我国制造业增加值首次超过美国，占世界比重的19.8%，位列世界第一。联合国统计司数据显示，截至2018年，我国工业增加值规模首次超过30万亿元，占世界的比重达到28%以上，接近美、日、德三国的总和。我国拥有41个工业大类、207个工业中类、666个工业小类，是全世界唯一拥有联合国产业分类当中全部工业门类的国家，具备独立完整的现代工业体系。

（三）以建设制造强国和网络强国为引领，制造业信息化水平逐步提升

党的十八大以来，制造强国和网络强国两大战略成为我国重要发展方向，企业技术改造力度不断加大，深入开展制造业创新体系构建，加快布局智能制造和工业互联网，推动制造业数字化、网络化、智能化水平不断提升。党的十九大报告指出，加快建设制造强国，加快发展先进制造业，推动互联网、大数据、人工智能和实体经济深度融合，在中高端消费、创新引领、绿色低碳、共享经济、现代供应链、人力资本服务等领域培育新增长点、形成新动能。中国特色新型工业化道路正进入战略攻坚期，信息化和工业化加快深度融合。2019年，国内工业企业的数字化研发设计工具普及率超69%，关键工序的数控化率接近50%。同时，开展网络化协同、

服务型制造、大规模个性化定制的企业比例，分别达到了35.3%、25.3%和8.1%。工业互联网的发展也迈出了坚实步伐，国内工业互联网平台超50家，平均连接设备数量达59万台。2019年，数字经济规模为31.3万亿元，占国内生产总值比重达34.8%。2019年，工业互联网的产业经济增加值规模达到3.41万亿元。我国正在通过信息化与工业化的深度融合和创新发展，由长期以来的“跟跑者”转变为“并跑者”，甚至在一些领域正在成为“领跑者”。

二、工业化城镇化稳定融合

新中国成立七十多年来，我国工业化与城镇化已实现了稳定融合。加快推进新型工业化城镇化，促进产城人融合发展，是我国从全局和长远发展出发作出的重大抉择，有力促进了经济社会跨越发展，加快推动了全面建成小康社会。

（一）高度重视城市发展，加速推进城镇化建设

新中国成立以来，我国经历了世界历史上规模最大、速度最快的城镇化进程，仅用几十年时间就完成了西方国家200年才完成的工业化、城镇化进程。党中央、国务院高度重视城镇化建设，城市规模不断扩大，城市经济实力持续增强，城市面貌焕然一新，城镇化建设和城市发展取得了举世瞩目的成就。1949年末，我国常住人口城镇化率仅有10.6%。经过国民经济恢复与五年计

划实施，城镇化得到稳步发展，大批农业劳动力转移到城市工业部门，城市数量和城市人口持续增加。改革开放以来，随着我国经济快速增长，城镇化进程加速推进，常住人口城镇化率从1978年的17.9%提高至2019年的60.6%，城镇常住人口从1.72亿人增长至8.48亿人，对世界城镇化发展发挥了重要的作用。

（二）全面深化改革，坚持以人为本推进新型城镇化

改革开放以来，我国城镇化立足社会主义国家的制度特征、转型期的时代特征、空间和规模上的大国特征等基本国情，坚持以人为本、渐进式、多元化的推进方式。党的十八大以来，中国改革进入“五位一体”全面改革的新阶段，城镇化相关改革逐步全面深化。城镇化坚持以人为本的推进方式，保持社会和谐稳定，通过全面增加农民收入水平不断提高人民群众获得感，为世界减贫事业作出了巨大贡献。常住人口城镇化率和户籍人口城镇化率的差距持续缩小，从2014年的18.9个百分点逐步降至2019年的16.2个百分点。我国城镇化发展全面进入以“人的城镇化”为核心、以提升城镇化质量为主的新阶段。

（三）贯彻新型城市理念，推动城镇化与智能化联动发展

党的十八大以来，我国主动应对第四次工业革命对产业发展和劳动力需求带来的巨大冲击，大力发展人工智能在城镇化中的应用，促进产业和就业更趋匹配与系统优化。城镇棚户区和旧房改造

成效明显，综合交通网络明显优化，地下管网改造不断加强，海绵城市建设成效明显。加快智慧城市、智慧小镇、智慧乡村的大规模建设，以智慧城乡建设为抓手、以智能化为驱动力、以新一代信息技术为支撑，推进智慧型城镇村体系建设，促进城乡融合发展。我国已经成为信息、通信和技术（ICT）应用发展最快的国家之一。截至2019年底，4G用户总数达到12.8亿，位居世界第一，形成全球规模最大的4G网络；中国5G通信发展处于全球第一梯队，5G通信基础设施建设快速推进。2019年，第三方移动支付交易体量达到59.8万亿元，排名全球首位。随着移动互联网的普及，ICT发展的规模效益凸显，与智慧城市相关的大数据、云计算、人工智能、传感器、通信等技术大规模应用于商业领域，为智慧城市创新奠定扎实的技术基础。“创新、协调、绿色、开放、共享”的新发展理念逐渐深入人心，城市生态文明建设和绿色发展有序规范推进，绿色、智慧和人文等新型城市理念建设热点纷呈。

三、信息化与农业现代化加快融合

新中国成立七十多年来，我国信息化与农业现代化加快融合发展。《“十三五”全国农业农村信息化发展规划》提出，大力发展农业农村信息化，助推农业现代化。近年来，各方面紧紧围绕党中央、国务院决策部署，以协同推进生产经营管理服务信息化为主线，以“互联网+”现代农业为抓手，推动信息化与农业现代化全面深度融合，有力引领和驱动农业现代化加快发展。

（一）瞄准信息化发展方向，塑造农业强国竞争新优势

以互联网、物联网、大数据、云计算等为代表的新一轮信息科技革命，正在带动我国信息化与农业现代化加快融合，推动农业、农村持续较快发展。自2015年以来，我国相继出台了《国务院关于积极推进“互联网+”行动的指导意见》《中共中央 国务院关于落实发展新理念加快农业现代化实现全面小康目标的若干意见》等文件，先后印发了《推进农业电子商务发展行动计划》《关于推进农业农村大数据发展的实施意见》《“互联网+”现代农业三年行动实施方案》。这些重大战略部署和政策文件把农业农村信息化发展摆在了更加突出的位置，有力推动了“互联网+”现代农业行动扎实推进，农业物联网示范应用、农业电子商务等重点工作取得显著的阶段性成效，“三农”信息化建设在更大范围、更深层次中协调推进，加快助力新型农业强国建设。

（二）发挥战略举措杠杆作用，驱动农业现代化加速发展

我国建设现代农业的实践经验表明，农业现代化是一个动态过程，中国特色新型农业现代化道路是实现农业现代化的必然选择。党的十八大首次提出“四化同步”战略，这既是对“四化”内在关联的深刻认识，也是新形势下科学把握新型工农城乡关系的政策体现，为走中国特色新型农业现代化道路指明了方向。近年来，我国

针对全国农业农村信息化发展、农业农村大数据发展、数字农业建设等出台了一系列顶层规划，发展中国特色新型农业现代化的道路方向和目标要求不断清晰明确，推动信息化与农业现代化全面深度融合，有力加快引领和驱动发展现代农业。

（三）协同推进农业信息化，加快农业现代化实现进程

我国以协同推进生产经营管理服务信息化为主线，以“互联网+”现代农业为抓手，生产信息化迈出坚实步伐，经营信息化快速发展，服务信息化全面提升。我国开展农业物联网区域试验工程和全国农业农村信息化示范基地建设，面向节本增效领域，近年有近500项的农业物联网软硬件产品、技术和模式得到总结推广。在大田种植、设施农业、畜禽水产养殖等领域，物联网、大数据、空间信息、移动互联网等信息技术应用更加广泛。在农产品销售、农业生产资料购买、乡村旅游开辟过程中，电子商务支持力度愈加突出，农产品进城与工业品下乡双向流通的发展格局逐步形成。农产品电子商务高速增长，依托网络途径实现农产品销售成为农业生产者重要选择途径，鲜活农产品网络交易日渐繁荣。益农信息社普及应用提供便捷高效的农业公益服务和农村社会化服务，“互联网+”现代农业建设取得显著成效，信息技术、农业生产生活活动二者融合深入推进，信息化扮演更加重要的农业现代化发展角色。

“百舸争流，奋楫者先；千帆竞发，勇进者胜。”坚持走中国特色新型工业化、信息化、城镇化、农业现代化道路，促进信息化

和工业化深度融合、工业化与城镇化良性互动、城镇化与农业现代化相互协调，促进工业化、信息化、城镇化、农业现代化同步发展，是建设中国特色社会主义的重大理论创新和实践创新。在向“四化同步”的制高点进发的征途中，必须紧跟时代潮流，携手前行，共同开拓新时期现代化发展的新天地。

第五节

世界和平建设者、全球发展贡献者、国际秩序维护者作用显著

中国的发展离不开世界，世界的和平发展、繁荣稳定也需要中国。中国始终把自身发展置于人类发展的坐标系中，始终把自身命运与世界各国人民命运紧密相连，始终把中国人民利益同各国人民共同利益结合起来，始终做世界和平的建设者、全球发展的贡献者、国际秩序的维护者，为构建人类命运共同体、建设更加美好的世界贡献智慧和力量。

一、维护世界和平的重要力量

新中国成立七十多年来，中国与世界各国的关系日益紧密，在

处理各种复杂的国家关系与国际事务中发挥建设性作用，为维护世界和平与发展作出了重要贡献。中国已成为维护世界和平与安全不可或缺的重要力量。

（一）坚持和平外交政策和发展道路

中华民族历来爱好和平，既通过维护世界和平为自身发展创造有利条件，又通过自身发展促进世界和平。七十多年来，中国从未主动挑起战争和冲突，坚持独立自主的和平外交政策，坚持和平发展道路，坚持互利共赢的开放战略，努力推动构建总体稳定、均衡发展的大国关系框架，深化同周边国家关系，加强同发展中国家团结合作。中国坚持结伴不结盟，不参加任何军事集团，反对侵略扩张，反对动辄使用武力或以武力相威胁。中国军队始终是世界和平的坚定捍卫者，为促进世界和平与发展提供战略支撑，为建设持久和平、普遍安全的美好世界作出贡献。

（二）主张对话协商化解国家间矛盾

七十多年来，中国寻求维护世界和平与发展，反对强权政治和霸权主义，反对国际恐怖主义，积极主张通过对话协商方式化解国家间的矛盾和分歧。中国始终致力于通过平等对话和谈判协商解决领土问题和海洋划界争端，已同周边12个邻国和平解决了陆地边界等国家间问题。在钓鱼岛、南海争端等历史遗留问题上，坚持维护国家主权和利益，积极寻求与相关争端方通过对话协商机制解决矛盾。

（三）积极参与国际和地区性事务

七十多年来，中国负责任大国形象日益深入人心，凭借不断提高的全球影响力，引导更多国家和地区共同促进世界和平与稳定，成为维护世界和平的重要力量。中国作为联合国安理会常任理事国，积极参与国际反恐合作，努力为解决国际和地区热点问题贡献智慧和力量。加快推进朝鲜半岛、伊朗、叙利亚、阿富汗等地区热点政治问题解决，致力于推动对话协商，寻求各方都能接受的解决方案。目前，中国是联合国成员国中派出维和部队士兵最多的国家，也是维和行动第二大出资国，在历次维和行动中都发挥了重要作用。

二、保护世界安全的重要支撑

新中国成立七十多年来，中国广泛参与全球安全合作和安全治理。同时，中国在构建人类命运共同体的“五位一体”总体布局中，倡导加强国际安全合作，营造公道正义、共建共享的安全格局。在各种地区合作中，中国也注重加强安全合作，共同促进世界和平与稳定。

（一）不断革新安全观念

新中国成立以来，面对国内外安全环境的变化和自身安全需要的调整，中国全面系统认知安全问题，不断革新安全观念，安全能力持续增强，国际安全影响力日益增加。党的十八大以来，中国不断创新完善安全理念，先后提出了总体国家安全观、亚洲新安全观、亚太安全观等理念。2014年提出的共同、综合、合作、可持续的亚洲安全观，为维护亚洲地区安全、促进合作交流提供了新的思路，走出了一条共建、共享、共赢的亚洲安全之路。同时，针对当前国际社会面临的传统安全与非传统安全问题交织的复杂局面，中国主张尊重和保障每一个国家的安全，加强国际和地区合作，共同应对日益增多的安全威胁和挑战。

（二）积极开展安全合作

当前全球安全形势日趋严峻复杂，各种突发事件层出不穷。中国坚决反对一切形式的恐怖主义、极端主义，秉持共同、综合、合作、可持续的安全理念，积极与其他国家开展安全合作，建立更加紧密的安全合作关系。迄今为止，中国已同150多个国家开展军事交往、40多个国家和国际组织建立防务磋商对话机制，以此推动构建平等互信、合作共赢的新型安全伙伴关系。同时，中国还不断加强卫生安全、粮食安全、能源安全、网络安全、海洋安全等国际交流合作。中国秉持合作共赢理念，不断开创共商共建共享的安全合作新局面，为维护世界安全稳定贡献“中国力量”，为构建人类安全命运共同体贡献“中国智慧”。

（三）广泛参与全球安全治理

实现各国共同安全，是构建人类命运共同体的题中应有之义。中国致力于携手国际社会，努力塑造和引领以多边合作、共同发展和合作安全为核心的全球安全治理体系。积极参与军控与裁军等领域事务，为重大问题解决和重要规则制定贡献中国方案。中国作为安理会常任理事国，高度重视自身在维护世界和平与安全方面担负的重要责任，积极参与联合国框架下的多种安全治理行动，已经成为联合国维和的主力军，贡献了全球最多的维和力量。

三、实现世界繁荣的重要动力

只有合作共赢、共同发展，才能实现世界共同繁荣。中国奉行互利共赢的开放战略，与各国加强互利合作，并将自身发展机遇同各国分享，弥合发展鸿沟。特别是当今世界复杂因素增加，保护主义、民粹主义、单边主义日益盛行，中国作为世界经济增长动力源和稳定器的作用越发突出，越来越成为实现世界繁荣的重要动力。

（一）以大国作为注入“中国力量”

七十多年来，中国积极融入世界发展，各个领域建设取得了巨大成就，创造了举世瞩目的“中国奇迹”。中国经济总量稳居世界第二，连续多年对世界经济增长贡献率超过30%，成为拉动世界经济增长的重要引擎和最主要的贡献者。中国在推动自身创新发展的同时，加强与世界各国交流合作，不断融入世界经济，主动参与全球经济治理，在国际规则制定、区域经贸合作等方面发挥积极作用，为世界经济发展注入更强动能。

（二）以大国襟怀共享“中国机遇”

七十多年来，中国在扩大开放、融入世界中获得发展，又以扩大开放、加快发展造福世界。中国提出并大力推进实施“一带一路”倡议，为世界各国创造发展机遇，让更多民众共享美好生活。中国增加沿线国家投资，带动了世界各个地区经济发展。截至2019年底，已有168个国家和国际组织同中国签署了200份共建“一带一路”合作文件；中国与40个国家建立了投资合作工作组，与22个国家建立了电子商务合作机制，与14个国家签署了第三方市场的合作文件。中国企业在“一带一路”沿线国家建设的境外经贸合作区已累计投资350亿美元，上缴东道国税费超过30亿美元，为当地创造就业岗位32万个。中国以世界共同繁荣为己任，与沿线各国共同打造利益共同体、责任共同体和命运共同体，表现出大国的博大胸襟和责任担当。

（三）以大国担当贡献“中国智慧”

七十多年来，中国积极在减少贫困、疫病防控、难民救助等全球议题上贡献智慧和力量。中国政府高度重视减贫工作，特别是党的十八大以来，中国创造了人类有史以来规模最大、持续时间最长、惠及人口最多的脱贫奇迹，是世界上率先完成联合国千年发展计划中减贫目标的国家。世界银行数据显示，中国极端贫困人口的减少对全球减贫贡献率超过70%。同时，中国积极加强国际减贫发展合作，加快落实联合国2030年可持续发展议程，通过对外援助、减免债务、增加进口、扩大投资等措施，努力帮助发展中国家增强自身发展能力，让促进全球共同发展的“中国方案”照亮共享繁荣的未来。此外，面临突如其来的新冠肺炎疫情，中国凸显了大国担当、发挥了负责任大国作用，与各方守望相助、命运与共，秉持构建人类卫生健康共同体理念，深入参与全球公共卫生治理，推动二十国集团发挥全球危机应对平台作用，努力形成抗击疫情国际合力。习近平总书记在第73届世界卫生大会视频会议上提出关于疫情防控建议，为世界各国联合抗疫提供了“中国智慧”。

四、促进文化兴盛的重要源泉

五千多年的中华文明发展历程，不仅为中华民族生生不息、发展壮大提供了精神滋养，也为人类文明作出了卓越贡献。党的十八大以来，随着中国与世界各国文化交流的日益频繁，中国在世界范围内的影响力逐渐扩大，正以坚定的文化自信屹立于世界文化之林，在构建人类命运共同体中展现出大国文化风采。

（一）以坚定文化自信屹立世界文化之林

古往今来，中华民族之所以繁荣灿烂、生生不息，不是靠穷兵黩武，不是靠对外扩张，而是靠中华文化的强大感召力和吸引力。中华民族素有文化自信的气度。党的十九大报告指出，要坚定文化自信，推动社会主义文化繁荣兴盛。增强文化自觉和文化自信，是坚定道路自信、理论自信、制度自信的题中应有之义。没有高度的文化自信，就没有文化的繁荣兴盛，就没有中华民族伟大复兴。源远流长的中华文化绵延至今五千年，是支撑起中华民族屹立于世界民族之林最伟大的力量。以习近平同志为核心的党中央站在历史高度，提出发展中国特色社会主义文化的改革要求，为中华文化前行指明了方向。

（二）"一带一路"倡议推动国际文化交流

自"一带一路"倡议提出以来，中华文化"走出去"的影响力不断扩大，文化自信得到彰显。"一带一路"倡议推动了国际文化交流，增进了沿线国家与人民对我国的理解、认同及支持，更为我国在国际社会上地位的提升创造了良好的条件。近年来，海外中国文化中心积极配合国家战略实施，阐释"一带一路"倡议，促进民心相通，践行创新理念，推动文明交流互鉴。截至2019年底，海外中国文化中心数量达40家。同时，一些优秀文化作品在世界上也开始建立品牌，赢得了市场份额。2019年，我国已经成为世界图书出版、电视剧制播、电影银幕数第一大国，电影市场规模稳居全球第二，一批文化精品力作引起强烈反响。文化传播、文化交流、文化贸易多头并举，中国品牌、中国声音、中国形象得到越来越多的认可。中国文化“走出去”的步伐自信而成熟，在世界文化画卷上泼墨挥洒，精彩纷呈。党的十八大以来，中国在加强对外文学交流、推动中国文学“走出去”方面做了许多工作，中国文学的世界影响力越来越大。

（三）中国文化世界影响力大幅提升

人类文明是由世界各国各民族共同创造的，中国文化植根于勤劳勇敢的中国人民，向世界展示了独特的中华魅力。党的十八大以来，我国文化的海外传播取得了不俗成绩，文化市场的表现吸引了全世界关注，文化的国际影响力大幅提升。2018年末，全球154个国家（地区）建立了548所孔子学院和1 193个孔子课堂。党的十九大报告指出，加强中外人文交流，以我为主、兼收并蓄。加强与“一带一路”沿线国家的文化交流与合作，是推动文明互鉴、增进各国间人民相互了解的重要桥梁和纽带。

五、提高生态文明建设水平的重要推动力

中国生态文明建设和生态环境保护工作取得了历史性成就、发生了全局性变革。党的十八大以来，中国积极参与全球环境治理，

引导国际合作，共同应对气候变化，成为全球生态文明建设的重要参与者、贡献者、引领者。

（一）积极参与全球环境治理

七十多年来，中国一直秉承生态为民、生态利民、生态惠民理念，积极参与全球生态环境治理，坚定不移实施应对气候变化国家战略，推动开展应对气候变化国际合作。党的十八大以来，中国积极履行全球环境公约，在应对气候变化方面发挥了全球引领作用。中国已加入30多项与生态环境有关的公约或议定书，与100多个国家开展了生态环境国际合作与交流，与60多个国家（地区）签署了近150项生态环境保护合作文件。近年来，中国大力优化能源结构，加快淘汰落后产能，关停“散乱污”企业，有效控制温室气体排放。据测算，2018年中国单位国内生产总值碳排放量比2005年下降了45.8%，提前完成目标，基本扭转了温室气体排放快速增长的局面。中国非化石能源占一次能源消费比重达到14.3%，累计减少的二氧化碳排放位居世界第一。同时，中国不断加大自然生态保护力度，截至2019年共建立了2 750个自然保护区，总面积达到147万平方公里。

（二）在全球环境治理体系中发挥建设性作用

随着全球环境治理体系不断变革，中国在全球生态文明建设领域的角色也从过去的追随者、参与者，转变为理念引领者、议题塑造者、规则制定者和机制创新者，在全球治理体系中发挥更大作用，全面提升了全球环境治理体系制度性话语权，为全球环境治理体系改革贡献了“中国智慧”。中国在2014年APEC领导人非正式会议上提出构建亚太绿色供应链网络倡议，2015年气候变化巴黎大会上提出推进全球气候治理的中国主张，2016年G20领导人峰会上提出绿色金融倡议成为会议重要成果，2017年金砖国家领导人会议上提出构建绿色技术合作交流平台、开展城市可持续发展伙伴关系。党的十九大报告进一步提出，积极参与全球环境治理，落实减排承诺，为全球生态安全作出贡献。

（三）提供全球环境协同治理平台

绿色发展是中国重要的发展理念之一，自“一带一路”倡议提出以来，中国政府秉承共建、共商、共享的理念，大力推进绿色“一带一路”建设，正式成立了“一带一路”绿色发展国际联盟。截至2019年，共有130多家相关政府机构、企业、智库和国际组织参与其中。同时，中国政府还建立了“一带一路”生态环保大数据服务平台，推动实施绿色丝路使者计划，与众多发展中国家分享环保经验，推动中国绿色技术和绿色标准“走出去”。未来，中国还将加强与“一带一路”沿线国家政策对话，为推动共建“一带一路”的绿色发展作出贡献。

七十多年披荆斩棘，七十多年风雨兼程，中国的国际地位和作用发生了翻天覆地的变化，如今已成为维护世界和平的重要力量、保护世界安全的重要支撑、实现世界繁荣的重要动力、促进文化兴盛的重要源泉、提高生态文明的重要推动。进入新时代的中国将继续开创中国特色社会主义事业新局面，进一步发挥负责任大国作用，与各国人民一道，推动构建人类命运共同体，共同创造世界繁荣和美好未来。

七十多年的发展成就，奠定了雄厚的物质基础；七十多年的奋斗历程，积累了丰富的实践经验；七十多年的艰辛探索，开辟了成功的发展道路。站在新的历史起点上，中国将保持经济持续健康发展和社会大局稳定，为决胜全面建成小康社会，进而开启全面建设社会主义现代化国家新征程而努力奋斗。

第四章

深入分析中华民族伟大复兴战略全局的时代特征

党的十八大以来，世情、党情、国情继续发生深刻变化，党和国家事业发生历史性变革。习近平总书记在党的十九大报告中指出，经过长期努力，中国特色社会主义进入了新时代，这是我国发展新的历史方位。这一重大政治论断，赋予党的历史使命、理论遵循、目标任务以新的时代内涵，为深刻把握当代中国发展的新阶段新特征，提供了时代坐标和基本依据。

第一节

中国特色社会主义进入新时代

中国特色社会主义新时代，既同改革开放以来的发展历程一脉相承，又体现了与时俱进的新特征，内涵丰富、意蕴深远。党的十九大报告对新时代的本质内涵进行了开宗明义的概括。

一、承前启后、继往开来，在新的历史条件下继续夺取中国特色社会主义伟大胜利的时代

党的十八大以来，我国经济实力、科技实力、国防实力、综合国力进入世界前列，国际地位得到前所未有的提升，党的面貌、国家面貌、人民面貌、军队面貌、中华民族面貌发生了前所未有的变化，中华民族正以崭新姿态屹立于世界的东方，社会主义在中国展

现出强大生命力。这些历史性成就和历史性变革表明，中国特色社会主义进入了新的历史发展阶段。

同时，党的十九大报告指出，我国仍处于并将长期处于社会主义初级阶段的基本国情没有变，我国是世界最大发展中国家的国际地位没有变。要在继续推动发展的基础上，着力解决好发展不平衡不充分问题，大力提升发展质量和效益，更好满足人民在经济、政治、文化、社会、生态等方面日益增长的需要。因此，推动中国特色社会主义继续向前发展，需要一代又一代中国共产党人带领中国人民接续奋斗下去。习近平总书记指出，坚持和发展中国特色社会主义是一篇大文章。我们这一代共产党人的任务，就是继续把这篇大文章写下去[1]。在新的历史条件下，我国要紧紧围绕坚持和发展中国特色社会主义这个主题，适应中国特色社会主义发展的新要求，团结带领人民奋力实现“两个一百年”奋斗目标，谱写好中国特色社会主义新篇章，让社会主义在中国展现出更加强大的生命力，夺取中国特色社会主义新的伟大胜利。

二、决胜全面建成小康社会，进而全面建设社会主义现代化强国的时代

从温饱到总体小康，到全面小康，再到基本实现现代化，描绘

[1] 在新进中央委员会的委员、候补委员学习贯彻党的十八大精神研讨班开班式上的讲话（2013年1月5日），《人民日报》2013年1月6日。

了中国从“一穷二白”走向社会主义现代化强国的发展轨迹。经过改革开放四十多年的奋斗，我国已经提前完成了解决人民温饱问题以及实现人民生活总体上达到小康水平的发展目标。党的十九大提出在全面建成小康社会的基础上，分两步走在本世纪中叶建成社会主义现代化强国的战略目标。

我国发展正处于“两个一百年”奋斗目标的历史交汇期。到建党100周年如期全面建成小康社会，是中国共产党向人民、向历史作出的庄严承诺。新冠肺炎疫情是新中国成立以来最严重的一次重大突发公共卫生事件，也是对我们全面建成小康社会的一场大考。在国内疫情基本得到控制、疫情防控常态化前提下，我国全面统筹推进疫情防控和经济社会发展，确保如期完成决战决胜脱贫攻坚目标任务，确保决胜全面建成小康社会圆满收官。“船到中流浪更急、人到半山路更陡”，全面建设社会主义现代化强国，存在不少急流险滩需要跨越，风险挑战需要应对。我国要用一百年的时间走完发达国家几百年时间走过的现代化道路，难度挑战超乎寻常。因此，新时代需要全国人民继续以永不懈怠的精神状态和一往无前的奋斗姿态，统筹推进“五位一体”总体布局，协调推进“四个全面”战略布局，朝着实现全面建成小康社会、全面建设社会主义现代化强国的目标奋勇前进。

三、全国各族人民团结奋斗，不断创造美好生活，逐步实现全体人民共同富裕的时代

带领人民创造美好生活，实现共同富裕，是中国共产党始终不渝的奋斗目标。社会主义的本质是解放生产力、发展生产力，消灭剥削、消除两极分化，最终达到共同富裕。经过长期努力，我国经济社会发展发生了翻天覆地的变化，社会生产力水平得到极大提升，人民物质文化生活条件不断改善，我国社会主要矛盾已经转化为人民日益增长的美好生活需要和不平衡不充分的发展之间的矛盾。在新的历史发展阶段，党的十九大把不断创造美好生活、逐步实现共同富裕作为发展的目标和归宿，体现了以人民为中心的发展思想，体现了中国共产党全心全意为人民服务的根本宗旨，体现了中国特色社会主义的本质要求，反映了中国共产党人矢志不渝的初心和人民情怀。

新时代实现共同富裕是一个渐进的过程。党的十九大确定了决战脱贫攻坚的战略部署，谋划了迈向基本实现全体人民共同富裕的路线图。2020年，我国将实现现行标准下农村贫困人口脱贫，整体消除绝对贫困，迈出实现共同富裕的重要一步。在此基础上，到2035年我国基本实现社会主义现代化时，全体人民共同富裕取得重大进展；到本世纪中叶我国建成富强民主文明和谐美丽的社会主义现代化强国时，全体人民共同富裕基本实

现。在中国特色社会主义新时代，随着我国社会主要矛盾的转化，需要我们在继续推动发展的基础上，时刻不忘初心，始终把实现好、维护好、发展好最广大人民根本利益作为最高标准，着力解决好发展不平衡不充分问题，大力提升发展质量和效益，更加关注人民对美好生活新的多样化需求，更好满足人民在经济、政治、文化、社会、生态等方面日益增长的需要，更加关注社会公平正义，着力使全体人民在共建共享发展中有更多获得感，让改革发展成果更多更公平惠及全体人民，更好推动人的全面发展、社会全面进步，从而在通向全体人民基本实现共同富裕的道路上不断向前迈进。

四、全体中华儿女勠力同心，奋力实现中华民族伟大复兴中国梦的时代

实现中华民族伟大复兴是近代以来中华民族最伟大的梦想，是激励中华儿女团结奋进、开辟未来的精神旗帜。中国共产党自成立起，就把实现共产主义作为党的最高理想和最终目标，义无反顾肩负起实现中华民族伟大复兴的历史使命。习近平总书记在党的十九大报告中指出，中国共产党人的初心和使命，就是为中国人民谋幸福，为中华民族谋复兴。这个初心和使命是激励中国共产党人不断前进的根本动力。1921年，中国共产党的成立深刻改变了近代以后中华民族发展的方向和进程，深刻改变了中国人民和中华民族的

前途和命运。在中国共产党的领导下，全国各族人民经过28年浴血奋战，夺取了新民主主义革命的伟大胜利。1949年，中华人民共和国的建立开辟了中华民族走向复兴的历史新纪元，奠定了中华民族复兴的坚实基础。1978年，中国共产党开启了改革开放新的伟大革命，极大激发了广大人民群众的创造性，极大解放和发展了社会生产力，为民族复兴注入了强大生机活力。

近代以来实现中华民族伟大复兴的三大里程碑事件，既是时代的地标，也是通向未来的起点。经过党的十八大以来的历史性变革，中国比历史上任何时期都更接近、更有信心和更有能力实现中华民族伟大复兴的目标。同时也要看到，中华民族伟大复兴，绝不是轻轻松松、敲锣打鼓就能实现的。在中国特色社会主义新时代，必须准备付出更为艰巨、更为艰苦的努力。我们正在进行实现中华民族伟大复兴的新长征。在新时代的新征程上，还有许多“雪山”“草地”需要跨越，还有许多“娄山关”“腊子口”需要征服，这就需要进一步凝聚起全体中华儿女同心共筑中国梦的磅礴力量，只要接续奋斗、砥砺前行，就一定能够到达民族复兴的光辉彼岸，中华民族必将以更加昂扬的姿态屹立于世界民族之林。

五、我国日益走近世界舞台中央，不断为人类作出更大贡献的时代

中国共产党是为中国人民谋幸福的政党，也是为人类进步事业

而奋斗的政党。中国共产党始终把为人类作出新的更大的贡献作为自己的使命。改革开放以来，随着我国经济持续发展和融入世界经济程度的加深，中国与世界的关系发生了历史性变化，同国际社会的互联互动空前紧密，成为促进世界和平发展的强大力量。国际金融危机以来，中国经济增长对世界经济增长的贡献率居世界首位，成为拉动世界经济增长的最强引擎。

与此同时，我国也积极参与全球治理体系改革，推动全球开放合作、互利共赢，不断贡献中国智慧和力量。特别是党的十八大以来，习近平总书记着眼国际形势发展变化，提出推动构建人类命运共同体、推动构建新型国际关系、共建“一带一路”、新安全观、全球治理观、文明观，针对新冠肺炎疫情全球蔓延提出加强全球公共卫生治理，构建人类卫生健康共同体等一系列重要理念、重要倡议，全面推进中国特色大国外交，为维护世界和平、促进共同发展贡献了中国智慧和中国方案，向世界展现出负责任中国的担当。当今世界正经历百年未有之大变局，人类文明发展面临的新机遇新挑战层出不穷，不确定不稳定因素明显增多。历史上，中国曾为人类文明作出过卓越贡献。在中国特色社会主义新时代，中国也将继续做世界和平的建设者、全球发展的贡献者、国际秩序的维护者，为世界的和平与发展、人类的繁荣与进步作出新的更大贡献，推动构建人类命运共同体。

第二节

世界处于百年未有之大变局

在新时代推进中华民族伟大复兴的战略全局，需要放在深刻认识世界发展大势和我国所处发展阶段的背景下来统筹谋划。习近平总书记指出，把握国际形势要树立正确的历史观、大局观、角色观[1]。进入21世纪以来，随着经济全球化的深入发展，国际政治经济格局加速演变，全球发展深层次矛盾日益凸显，国际体系和国际秩序深度调整，大国战略博弈全面加剧，世界进入大发展大变革大调整的新时期。基于对时代潮流和国际大势的敏锐洞察和深刻分析，习近平总书记作出了当今世界正处于百年未有之大变局的重大判断。

同时，尽管改革开放以来我国经济社会发展取得了举世瞩目的

[1] 在中央外事工作会议上的讲话（2018年6月22–23日），《人民日报》2018年6月24日。

成就，但与发达国家相比，我国在人均收入水平、经济结构、技术创新能力、发展的平衡性和充分性等方面仍存在一定差距，我国是世界最大发展中国家的国际地位没有变。深刻认识世界百年未有之大变局的本质特征以及我国仍是世界最大发展中国家的深刻内涵，是新时代找准我国在世界发展潮流中的时代定位，推进实现“两个一百年”奋斗目标和中华民族伟大复兴中国梦的现实要求。

一、世界处于百年未有之大变局的主要特征

百年未有之大变局影响深远，正在深刻改变世界的未来。特别是2020年以来，全球遭遇百年一遇的疫情“大流行”，这与百年未有之大变局相互叠加，将加速一系列世纪级的大变革、大重组、大调整，将从国际经济政治格局演变、科技与产业革命、全球治理体系和经贸规则变革、大国关系重塑等维度影响未来我国发展所处的国际环境。

（一）世界经济重心之变——世界经济“东升西降”格局加速演变

自工业革命后，西方国家逐步凭借着强大的经济、科技、军事实力，长期在国际政治经济格局中占据主导地位。广大发展中国家直至20世纪五六十年代，在取得民族解放斗争的胜利后，才走上了独立自主发展经济的道路。近几十年来，新兴市场国家和发展中国

家抓住经济全球化历史机遇，实现了快速发展，与西方传统发达国家的差距不断缩小，全球经济呈现出“东升西降”的格局转变。根据国际货币基金组织的数据，以汇率法计算，2019年新兴经济体和发展中国家的经济总量在全世界所占比重已经超过40%，较21世纪初提升了近20个百分点，如果按购买力平价法计算，新兴经济体和发展中国家的全球经济总量占比更是已经接近六成（图4–1）。联合国数据显示，2010年以来，新兴经济体对世界经济增长的贡献率超过60%；特别是以中国、印度、巴西、俄罗斯和南非组成的金砖国家，对世界经济增长的贡献率达到40%，占全球经济总量的比重升至接近24%（按汇率法计算），与发达国家经济长期低迷形成鲜明对比。

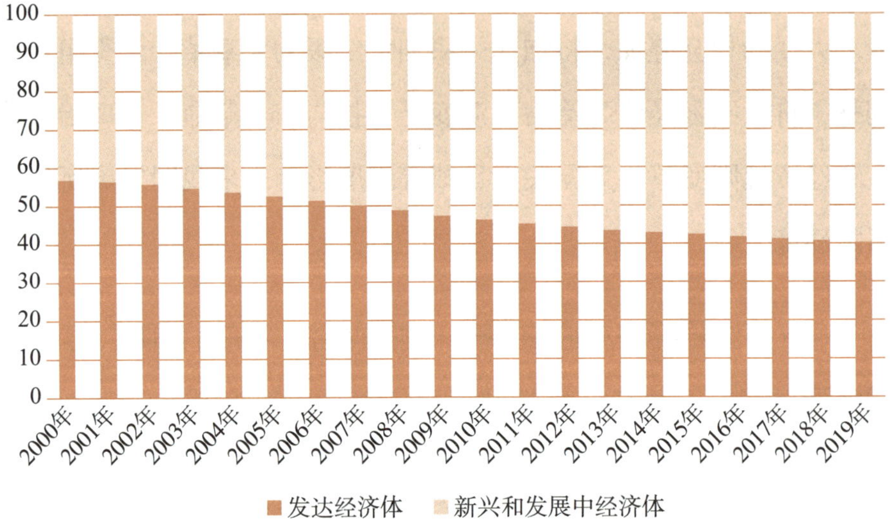

图4–1　发达经济体与新兴和发展中经济体在全球经济中的占比变化（单位：%）

数据来源：国际货币基金组织数据库。

2020年发达国家普遍因疫情影响陷入深度衰退，疫后经济可能需要数年才能恢复至衰退前的增长水平，而新兴经济体增长前景仍然看好，未来赶超发达国家的步伐将进一步加快，从而加速全球经济“东升西降”格局的转化，全球经济发展的版图有望更趋均衡。

（二）国际力量格局之变——各方力量对比朝着趋于均衡的方向发展

新兴市场国家和发展中国家的群体性崛起，从根本上改变了国际力量对比，这是百年未有之大变局的最大变化。长期以来，西方发达国家一直处于全球政治权力体系中的核心位置。随着世界经济格局的演变，建立在“二战”后国际经济秩序基础之上的全球政治格局也出现了新的变化，世界秩序的主导权自近代以来首次开始向非西方世界转移扩散，表现出多极化趋势。特别在国际金融危机之后，新兴大国伴随经济实力的提升，在全球事务中扮演着越来越重要的角色，承担越来越多的责任，纳入更多新兴大国的G20已经成为全球治理的重要平台。上合组织、金砖国家组织等新兴市场国家合作平台以及东盟、非盟等地区合作机制的作用不断增强，在处理区域和地区事务中发挥着越来越重要的作用。

同时，从主要国际力量之间的对比看，自冷战结束以来，尽管全球仍然呈现“一超多强”的力量格局，但“多强”之间国际地位变化的均衡化趋势日显突出。欧盟和日本近年来经济增长缓慢，在世界经济格局中的占比逐渐下降，而且随着近年来美国日益转向单边主义和孤立主义，欧盟和日本在国际事务中正寻求更多的自主性；俄罗斯虽然受到西方制裁经济实力有所下降，但仍在军事力量上保持突出地位；印度、巴西随着经济总量及其在世界经济格局中占比的上升，在国际和地区事务中扮演着日益重要的角色。

（三）全球增长动力之变——新一轮科技革命和产业变革正孕育兴起

世界百年未有之大变局的根本动力在于科技革命和产业革命的突破性进展。近代以来，人类先后经历了三次产业革命，推动人类社会相继进入“蒸汽时代”、“电气时代”和“信息时代”。每一次科技和产业变革出现后，都带来社会生产力的大解放，人们生活水平的大飞跃，以及国际力量格局的大调整，进而从根本上改变了人类历史的发展轨迹。当前人类社会又进入一个前所未有的创新活跃期，以人工智能、大数据、云计算、物联网、太空技术、生物技术、新能源技术为代表的新一轮科技革命正在孕育兴起，新技术突破将加速带动产业变革，由此将推动全球新产业、新业态、新模式的巨大发展，人类社会将迈向“智能时代”。

尤其在此次新冠肺炎疫情的应对过程中，移动互联网、智慧城市、基因测序、疫苗研发等数字科技和生物技术成果在疫情监测分析、防控救治、民生保障、复工复产等多个方面得到加速应用，在线办公、线上医疗、网络教育、网上文娱等新兴业态得到加速普及，5G网络、数据中心等新型基础设施建设得到加速推进，都将进一步加快科技和产业革命的到来，人类社会将再次迎来生产力大发展的历史时期，未来将在生产、生活、商业和社会形态领域掀起前所未有的变革，带来人们思维方式、生活方式、生产方式显著变化，世界科技竞争和产业竞争格局也将发生深刻变革。

（四）经济全球化之变——经济全球化形式深度调整

自工业革命开始，交通、通信技术的不断改进使人类活动突破了国家和地域的限制，推动了资本、技术、劳动力等生产要素以及商品、服务、信息等在全球范围内自由流动和布局，经济的全球化程度逐步提升。冷战结束以来，信息技术革命、全球产业分工调整以及越来越多发展中国家融入世界经济体系，推动经济全球化进入新一轮高潮，极大促进了世界经济发展和繁荣。然而，经济全球化也是一把“双刃剑”，随着全球产业分工和利益格局出现大调整，不同地区、国家、阶层、人群从经济全球化中获益出现分化。国际金融危机后，曾是全球化主要推手的发达国家经济陷入长期低迷，一些国家逆全球化倾向上升，以“本国优先”为名的贸易投资保护和单边主义甚嚣尘上，多边贸易体制受到严重冲击。

新冠肺炎疫情引发的全球经济衰退导致越来越多国家在政策上更加内顾和封闭，以民粹主义、孤立主义、保护主义为代表的逆全球化思潮进一步高涨。同时，疫情凸显出经济全球化下国际供应链的内在脆弱性，大范围停工停产和国境封锁引发的跨国产业链断裂加剧了各国的经济困境，特别是居于全球产业链分工顶端的发达国家对于国际市场的“过度依赖”现象突出暴露。疫后各国将显著加强对产业链、供应链的“国家干预”，强调关键核心环节自给自足将成为新趋势。跨国公司产业链布局也将更加注重供应安全，加快推动全球供应链分散化和多元化的产业布局，这将推动长期以来形成的欧美发达经济体借贷消费，东亚地区提供储蓄、劳动力和产品，俄罗斯、中东、拉美等提供能源资源的全球经济大循环进一步解构，形成北美、欧洲、东亚等若干以中心国家掌控核心环节，周边国家进行配套生产的区域经济循环板块，经济全球化将以区域化的形式向前推进。

（五）全球治理秩序之变——国际治理体系深刻重塑

随着经济全球化的深入发展，世界各国利益和命运更加紧密地联系在一起，形成了你中有我、我中有你的“利益共同体”。近代以来列强通过战争、殖民、划分势力范围等方式争夺利益和霸权的模式，逐步向“二战”后各国以制度规则协调关系和利益的模式演进。国际金融危机以来，世界经济和贸易低速增长，全球政治格局转变以及人口资源环境矛盾日益凸显，世界各国面临的共同挑战进一步增多，全球治理议题范围扩大，气候变化、公共卫生安全、国际金融体系改革、核安全和防扩散、贸易保护主义、粮食安全和人口老龄化等非传统、突发性的全球性议题显著增加。西方主导的全球治理体系失能和失灵现象日趋明显，国际体系存在严重的不平衡和不合理，全球治理赤字日益凸显。加强全球治理、推进全球治理体制变革成为大势所趋。

伴随发展中国家的群体性崛起，以美国为首的西方国家开始推动新一轮全球治理体系和经贸规则的大调整和大变革，带头商谈规模庞大、标准更高的自贸协定，通过区域合作推进其贸易议程，探索满足自身利益的国际贸易规则的新版本，以打造全球经贸规则的“新标杆”，保持其在全球规制制定中的主导地位。近年来，在美欧日等发达国家推动下，“全面与进步跨太平洋伙伴关系协定”（CPTPP）、欧日“经济伙伴关系协定”（EPA）以及“美国－墨西哥－加拿大协定”（USMCA）等超大型自贸协定先后签署，其中的规则及标准不仅超出WTO框架下的承诺，而且还将传统的边境措施向边境后扩展，直接规制到成员国的经济体制、法律与政策。以各类双边、诸边为主的区域性经贸协定以及区域合作治理机制成为全球治理体系变革的重要方向，这既是对全球多边行动的补充，也使全球治理面临“碎片化”的挑战。

（六）大国竞合关系之变——主要国家战略博弈更趋复杂

全球经济格局的变化加速世界政治格局的演变，大国间的博弈和战略竞争出现更为错综复杂的局面。一方面，西方国家希望分享新兴经济体的发展机遇，期待新兴大国在解决全球性议题、应对全球危机、促进世界经济发展中分担更多国际责任。另一方面，为保持领导地位，西方国家战略竞争思维增强，新兴大国为赢得更大发展空间，与发达国家间的正面竞争增多，大国间围绕技术、市场、资源以及全球新一轮国际经贸规则构建的博弈更趋激烈。

中国综合国力快速上升不仅大大强化了世界多极化趋势，而且成为提高新兴经济体和发展中国家整体实力并使国际力量对比更趋平衡的重要因素。随着我国日益走近世界舞台中央，大国关系的大变局成为世界百年未有之大变局中的重要组成部分。大国战略博弈加剧国际环境复杂性，将对全球政治格局变化产生极为深刻的影响。

（七）人类文明交往模式之变——开放包容、多元互鉴成为主基调

自近代以来，西方文明伴随殖民征服以及资本的全球扩张，逐步在世界范围占据主导地位，西方在制度、观念和价值观领域建立起绝对的话语权，这使得全球的文化交流主要体现为西方意识形态、科学技术、理论学说、文化艺术向非西方国家的单向传播。进入21世纪，西方在全球的主导地位逐步弱化，特别是国际金融危机以来，西方主导的传统全球治理机制未能有效解决困扰人类发展的经济低迷、贫富差距拉大、恐怖事件频发、资源枯竭、环境恶化等一系列全球性难题。与此同时，新兴市场国家和发展中国家充分借鉴西方国家的技术、知识和经验，推进彼此间的发展合作与交流，初步形成了不同文明互学互鉴、彼此交相辉

映的局面。我国也积极参与国际交流与合作，为解决困扰世界经济发展和全球治理的焦点问题贡献了“中国智慧”、“中国经验”和“中国方案”。

二、我国是世界最大发展中国家的国际地位没有变

改革开放以来，尽管我国社会生产力发展取得重大进步，经济规模不断增长，但仍存在经济结构不够合理、人均收入水平偏低、科技创新能力不足、国民经济大而不强、发展不平衡不充分等问题。整体来看，我国仍处于并将长期处于社会主义初级阶段的基本国情没有变。

（一）我国经济结构仍需优化升级

根据经济增长与产业结构发展规律，发达国家第一产业占国内生产总值的比重一般在3%以下；第二产业一般在1/4左右，而且以高端制造业为主；第三产业所占比重在3/4左右。改革开放以来，我国产业结构不断优化升级，三次产业结构实现由“二一三”到“三二一”的转变。但与发达国家相比，我国第一产业占比依然较高，2019年为7.1%（图4–2），农业就业人口占我国总就业人口的比重更是达到了25.1%，表明我国农业劳动生产率仍远低于世界先进水平，城镇化和农业现代化水平还有待提升。

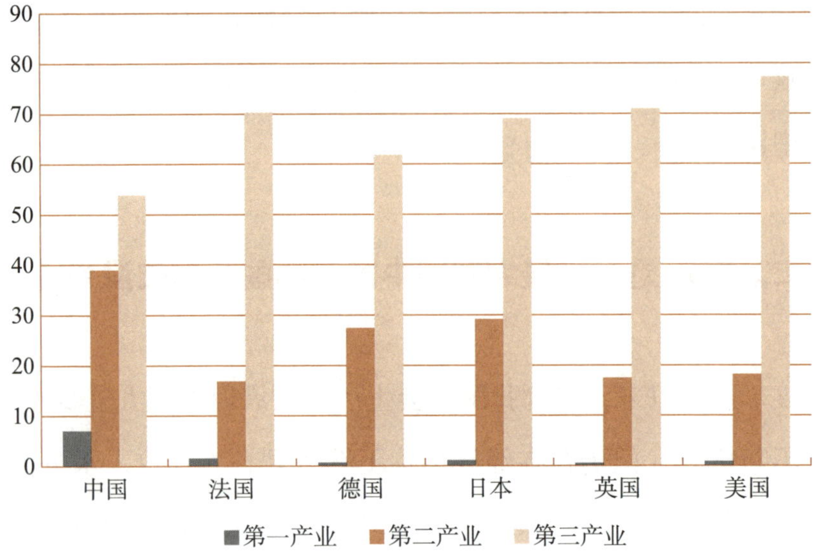

图4-2　我国与主要发达国家产业结构比较（单位：%）

注：中国为2019年数据，美国、日本为2017年数据，德国、法国、英国为2018年数据。
数据来源：国家统计局、世界银行。

同时，我国制造业虽然在规模上位居全球首位，但表现出“大而不强”的特征，低端无效供给过剩与高端有效供给不足并存，关键核心技术与高端装备对外依存度高，整体上处于全球产业链的中低端。服务业总体比重虽然在提升，但仍低于发达国家水平，特别是代表未来服务业发展方向的知识密集型服务业规模比重偏低。这样的产业结构反映了我国产业竞争力仍然不强，技术含量仍然较低，创新能力仍然不足，在国际分工中还处于相对不利地位，经济结构优化升级的任务仍然艰巨。

（二）我国人均收入水平和人均资本存量仍明显低于发达国家

衡量一个国家的经济发展水平，不仅要看经济总量的大小，更要看人均水平的高低。从人均收入水平看，改革开放以来，尽管我国经济以年均9.4%的速度增长，经济总量连续多年居世界第二位，但我国人均国民收入仍低于世界平均水平。根据国家统计局数据，2019年我国人均GDP刚超过1万美元，约为美国的七分之一左右，日本的四分之一左右（图4-3）。按照世界银行的划分标准，我国仍处于中等收入国家行列。人均耐用消费品我国与发达国家还有较大差距。2019年底，我国居民每百户拥有汽车35.3辆，而美国超过200辆，欧洲一些发达国家超过150辆。

我国居民的消费率也低于发达国家。2019年我国居民最终消费支出占GDP的比重为39%，而美国、日本居民消费占比分别为68%和55%。从消费结构看，2019年我国居民消费恩格尔系数为28.2%，仍高于发达国家水平，用于教育文化娱乐、医疗保健和生活用品及服务占比较发达国家偏低。从人均资本存量看，目前我国基础设施人均资本存量只有发达国家的20%～30%。西部省份和贫困地区交通、通信、水利等重大基础设施仍显薄弱，铁路、公路路网密度仍远低于美国、德国、法国等发达国家水平。

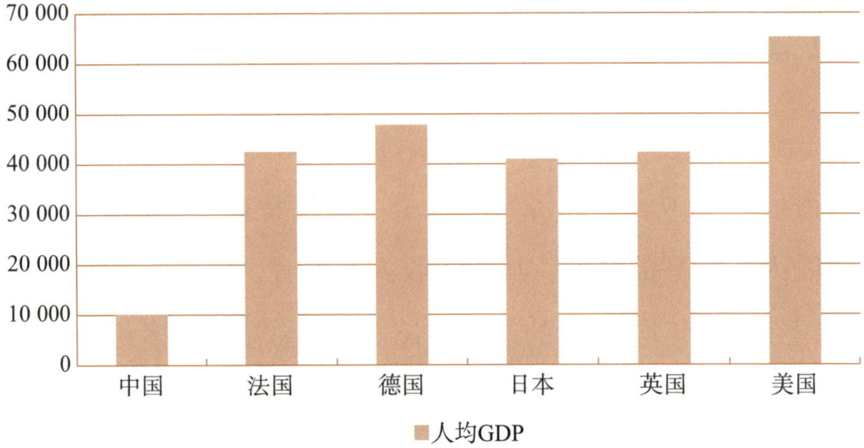

图4-3　2019年我国与主要发达国家人均GDP比较（单位：美元）

数据来源：国家统计局、国际货币基金组织。

（三）我国科技创新能力仍有短板

创新驱动是发达国家经济增长的一大显著特点。新中国成立特别是改革开放以来，我国高度重视科技创新，不断加大研发投入力度，在基础和前沿领域取得了一批有国际影响的重大创新成果。但整体看，我国科技创新能力与世界先进水平尚存在一定差距，科技创新对经济增长的贡献率仍低于发达国家水平。研发投入相对不足，2019年衡量研发投入强度的研发经费与GDP之比为2.19%，仍低于发达国家水平。根据OECD数据，2018年研发投入强度美国为2.8%，日本为3.3%，德国为3.1%，韩国为4.5%（图4-4）。我国基础研究投入占全社会研发经费5%左右，比例仍远低于主要创新型国家10%以上的水平。

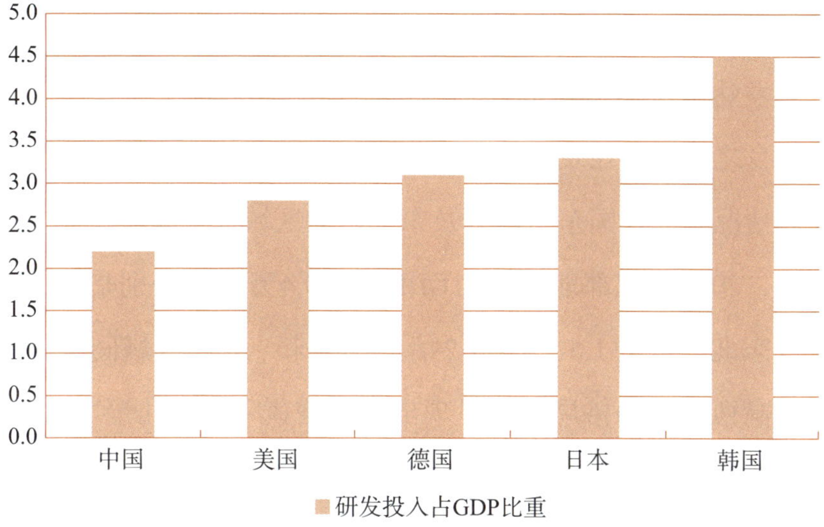

图4-4 我国与主要创新型国家研发投入强度比较（单位：%）

注：中国为2019年数据，其余国家为2018年数据。

数据来源：国家统计局、OECD。

同时，作为研发活动的执行主体，我国企业仍主要从事国际产业链技术含量和附加值较低的加工组装环节，开发能力不足、自主创新能力弱、核心技术缺乏依然是制约企业向产业链、价值链中高端延伸发展的突出障碍。核心关键领域技术的“卡脖子”难题依然存在，我国许多关键技术、多数高端装备以及核心零部件和元器件仍依赖进口，具有较强国际竞争力的大企业和在细分领域掌握核心技术的“专精特”企业仍然较少。我国经济“大而不强”的特征仍然明显。

（四）我国发展不平衡问题比较突出

与发达国家内部发展相对较为平衡的状态相比，我国区域之间、城乡之间仍存在发展差距，发展不平衡问题较为突出。从地区间发展情况看，我国东中西以及东北四大区域板块间的发展差距依然明显，2019年东部地区人均GDP超过9.4万元，分别是中部、西部以及东北地区的1.6、1.8和2倍。近年来，我国区域间发展水平在“东高西低”的格局下又呈现出经济增速“南快北慢”的特征，福建、浙江、广东等南方省份经济增速明显快于山东、河北、天津等北方省份。

从城乡间发展情况看，2019年我国常住人口城镇化率达60.6%，低于发达国家80%左右的平均水平。城乡居民收入和生活水平差距依然较大。2019年，我国城镇居民可支配收入为4.2万元，是农村居民的2.6倍；城镇居民人均消费支出为2.8万元，是农村居民的2.1倍。农村基础设施建设和公共服务发展仍存差距，水利部数据显示，目前我国农村集中供水率、自来水普及率分别为87%和82%；农村卫生厕所普及率为60%。根据中国互联网络信息中心（CNNIC）发布的《中国互联网络发展状况统计报告》，截至2020年第一季度末，我国农村地区的互联网普及率为46.2%，而同期城镇地区的互联网普及率为76.5%，城乡之间差距明显。

（五）我国发展不充分问题亟待解决

我国在资源配置、公共产品和公共服务供给等方面还存在市场化不足和有效供给不充分的问题。从市场化改革看，我国市场在资源配置中发挥决定性作用还面临一些体制机制约束，市场准入存在不必要不公平限制，监管体系、产品质量、食品安全等方面的制度缺陷较明显，行政性垄断等时有发生，一些“僵尸企业”退出困难，地方保护问题依然存在。同时，与商品市场相比，我国要素市场发育还不充分，存在市场决定要素配置范围有限、要素流动存在体制机制障碍、要素价格传导机制不畅等问题，影响市场对要素配置决定性作用的发挥。

从公共产品和公共服务的有效供给看，我国教育、医疗、养老等诸多领域公共服务供给与人民群众期待仍存较大差距，基层医疗卫生、教育、公共文化等领域专业技术人才匮乏，上学难、看病难、住房难、养老难等问题依然是我国民生领域的突出短板。同时，随着消费需求更加注重个性化、多样化，我国新产品和新服务的供给能力跟不上居民消费结构加快升级的步伐，难以满足居民消费升级和消费细分需求。此外，大气、水、土壤污染等环境问题依然突出。

第三节

战略机遇期和风险交织期

当今世界正经历百年未有之大变局，国内外形势发生深刻复杂变化，但和平与发展仍然是当今时代主题，国际力量对比更趋均衡，我国在解决各种世界性难题中的作用不可替代，经济全球化的历史大势不可逆转，我国发展仍处于重要战略机遇期，前景光明。与此同时，随着我国日益走近世界舞台中央，各种风险内外联动、交织叠加，将不断积累甚至集中显露，我国发展面临的挑战也十分严峻，需要坚持底线思维，着力防范化解重大风险。战略机遇期与风险交织期并存、光明前景与严峻挑战同在，构成了中国特色社会主义新时代的重要特征。

一、战略机遇期

一个国家、民族要赢得发展的主动、抢得发展的先机，就必须敏锐发现机遇并紧紧抓住和用好机遇。党的十九大报告指出，国内外形势正在发生深刻复杂变化，我国发展仍处于重要战略机遇期。这是党中央全面分析形势和任务得出的重要结论。同时，国内外形势的变化也赋予了新时代战略机遇期新的内涵。“所当乘者势也，不可失者时也。”这需要我国紧扣重要战略机遇内涵的转变，充分发挥要素比较优势，加快经济结构优化升级，提升科技创新能力，深化改革开放，加快绿色发展，主动参与全球经济治理体系变革，变压力为加快推动经济高质量发展的动力。

（一）加快经济结构优化升级带来新机遇

国际金融危机以来，在发达国家推进高起点“再工业化”、发展中国家加速工业化的背景下，我国生产要素成本提高，制造业传统优势有所弱化，但经济结构优化升级也面临新机遇。产业发展、投资扩容、消费升级、城乡区域结构优化将创造更加广泛的需求和供给，拓展发展新空间。从产业结构看，当前我国新兴产业发展态势良好，传统产业转型升级进一步加快，5G、工业互联网、集成电路、人工智能、清洁能源等一批代表先进生产力的产业蓬勃发展，产业结构向中高端迈进为经济新旧动能转换注入新的活力。从供需结构看，随着供给侧结构性改革取得明显成效，过剩产能逐步出清，企业经营效益将显著改善。居民收入提高和社会保障制度完善将进一步释放消费潜力，信息、教育、健康、旅游、休闲等新兴消费将得到快速发展。生态保护和环境治理、农业等短板领域投资快速增长，供需结构趋于均衡。从城乡区域结构看，持续推动农业转移人口的市民化、中西部地区就近城镇化和城镇棚户区改造，京津冀协同发展、长江经济带发展、粤港澳大湾区建设、海南全面深化改革开放、长三角一体化发展、黄河流域生态保护和高质量发展等重大区域发展战略扎实推进，城乡区域协调发展新格局加快形成，使资源空间配置效率稳步提高。

（二）提升科技创新能力带来新机遇

当前新一轮技术和产业革命蓄势待发。此次技术革命在发展和扩散速度，以及对人类社会影响的深度和广度上，都将超过前三次工业革命。科技创新将由集中式向分布式变化。目前新技术、新理论层出不穷，一批可能改变人类生活生产方式的科技成果正处于产业转化的关键时期。各国都已经认识到科技创新的巨大价值，尽可能投入更多资源，以期在新科技爆发到来前抢占制高点。历史发展经验表明，每一轮科技革命都会引起世界各国综合实力的重新洗牌，为后发国家创造赶超发展的有利窗口期。与前三次工业革命相比，当前我国第一次和其他发达国家在最前排迎接科技革命和产业变革，压力和动力并存。

我国已在大数据、人工智能、物联网、无人驾驶、新能源、5G、量子通信等前沿科技领域创新和产业化应用方面取得一定成效。在部分西方国家加紧对我国高科技企业进行堵截打压的情况下，各方对加强自主创新能力高度重视，这也将有利于我国集中力量突破一批受制于人的关键核心技术。只要我国能在发展中把握机遇，以改革促创新，以创新促转型，顶住压力克服当前阻碍创新的不利因素，实现发展模式从要素驱动向创新驱动的转变，就可以成为新一轮科技革命的领航者，有力推进中华民族的伟大复兴。

（三）深化改革和扩大开放带来新机遇

进入中国特色社会主义新时代，我国将在更深层次、更宽领域、更大范围内推进改革开放，全面释放改革开放的制度红利，进一步破除不适应生产力发展的体制机制障碍，更加充分激发市场活力，为中国经济发展注入新的动力。在深化改革方面，我国将坚持新发展理念，坚持以供给侧结构性改革为主线，坚持以人民为中心的发展思想，坚持和完善社会主义基本经济制度，以完善产权制度和要素市场化配置为重点，构建更加系统完备、更加成熟定型的高水平社会主义市场经济体制，推动生产关系同生产力、上层建筑同经济基础相适应，促进更高质量、更有效率、更加公平、更可持续、更为安全的发展。

在扩大开放方面，我国将以更宽广的视野、更高的目标要求、更有力的举措推动全面开放。国内市场的开放程度将空前提高，我国将实施更高水平的贸易和投资自由化便利政策，加快打造市场化、法治化、国际化的营商环境，实施负面清单管理，大幅度放宽市场准入。此外，“一带一路”的建设成效也将日益显现，与周边沿线国家的合作将持续深入推进，形成全方位、多层次、宽领域的全面开放新格局，在造福各国人民的同时，带来自身的发展机遇。

（四）加快绿色发展带来新机遇

人类社会正处于从工业文明向生态文明转型的重要阶段，随着环境生态问题日益严峻，人们对人与自然关系的认识逐步加深，绿色发展已成为全球发展的共识。在世界经济增长放缓、绿色节能技术应用日益普及的情况下，许多国家都将绿色工业革命视为新的经济发展引擎，把环境约束转化为绿色机遇。随着我国经济发展阶段和社会主要矛盾的转化，人民群众对优美生态环境的需要已经成为人民日益增长的美好生活需要的重要方面。在新时代推动经济高质量发展，必须尽快走上绿色发展的道路。

伴随全球绿色发展潮流的兴起，大量绿色技术获得突破性进步，生态文明的概念和“绿水青山就是金山银山”的发展理念日渐深入人心，我国不断提升环境治理能力、加强生态文明建设，利用新技术改造提升传统产业，大力发展节能环保产业，积极开发利用新能源，积极培育和发展绿色服务业，探索生态产品价值实现机制，将有利于提高经济效率和生态效益，提高产品和服务增加值，进一步促进产业发展从中低端向中高端迈进，最终实现高质量发展。

（五）参与全球治理体系变革带来新机遇

尽管发达经济体仍然主导着国际经济秩序和全球治理体系，但随着其相对实力的下降以及新兴经济体的群体性崛起，以金砖国家为代表的发展中国家开始积极参与全球治理的顶层设计，并在主要治理机构中扮演越来越重要的角色。同时，在非传统、突发性的全球性问题增多，全球治理议题范围扩大，区域性或跨区域经济治理平台作用日益明显的背景下，传统的世界经济治理框架越来越不能满足全球治理形势变化的需要。

当前我国在全球治理领域发挥重要作用，作出积极贡献，提出共建“一带一路”倡议，主办APEC峰会、G20峰会、金砖国家峰会等一系列多边活动，建立上合组织、亚投行和新开发银行等多个治理机制和新型多边开发机构，我国在全球治理中的大国担当和引领作用日益突出。在中国特色社会主义新时代，全球政治经济格局将面临深刻变革，将为我国参与全球治理变革，从被动适应到主动推动构建有利于我国发展的国际格局提供历史机遇。

二、风险交织期

在世界百年未有之大变局下，世界经济增长持续放缓，大变局加速演变特征更加明显，全球动荡源和风险点显著增多，特别是新冠肺炎疫情给世界经济造成严重冲击，对世界经济和国际格局演变产生深远影响，我国必须在一个更加不稳定不确定的世界中谋求自身发展。同时，国内发展面临的经济、科技、社会等领域重大风险隐患潜藏，内外部风险、长短期风险相互交织，将对我国发展形成巨大挑战。“备豫不虞，为国常道。”这需要我们深刻认识和准确把握外部环境的深刻变化和我国改革发展稳定面临的新情况新问题新挑战，坚持底线思维，增强忧患意识，统筹国内国际两个大局，有效防范各类风险连锁联动，切实做好防范化解重大风险工作。

（一）人口老龄化程度加深

人口老龄化是社会发展的重要趋势，是人类文明进步的体现，也是今后较长一段时期我国的基本国情。按照世界卫生组织（WHO）判断，60岁以上人口比重超过10%，或65岁以上人口比重超过7%，即被视为进入老龄化社会。据第五次全国人口普查，2000年我国65岁以上人口比重为7.1%，标志着我国已经进入老龄化社会。21世纪以来，我国老年人口数量和占总人口的比重持续增长，60岁及以上老年人口从2000年的1.26亿人增加到2019年的2.54亿人，老年人口比重上升至18%（图4–5）。未来一段时间，由于我国人口再生产处于低出生率、低死亡率、低自然增长率的阶段，老龄化程度还将持续加深。根据全国老龄工作委员会办公室和中国老龄协会预测，2035年前后，我国老年人口占总人口的比例预计将超过1/4，2050年前后将超过1/3。

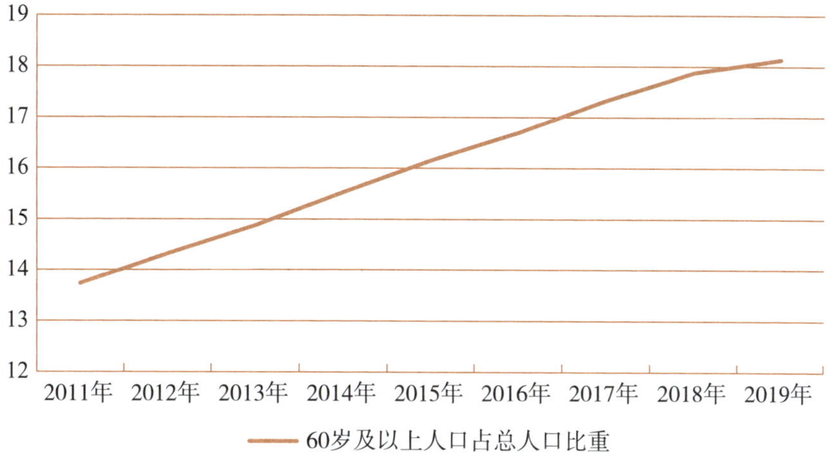

图4–5 我国人口老龄化趋势（单位：%）

数据来源：国家统计局。

人口老龄化对经济发展各领域、社会建设各环节、社会文化各方面乃至国家综合实力和国际竞争力，都具有深远影响。有效应对人口老龄化，事关国家发展全局，事关亿万百姓福祉。与其他处于老龄化社会的发达国家相比，我国进入老龄化阶段时仍是发展中国家，社会养老设施和养老服务体系还有待完善，人口老龄化的加速将加大社会保障和公共服务压力，持续影响社会活力、创新动力和经济潜在增长率，是进入新时代人口发展面临的重要风险和挑战。

（二）国家安全风险点增多

新时代内外部风险因素更趋复杂，国家安全不确定性增强。各种威胁和挑战联动效应明显，国家安全领域各种可以预见和难以预见的风险因素明显增多，安全需求的综合性、全域性、外向性特征更加突出。在传统安全领域，世界军事竞争从注重数量与规模向更加注重质量与高新技术运用的方向转变，高科技推动下的新军事变革在全球蓬勃展开，大国战略竞争势头加剧。我国与周边国家历史形成的领土海洋争端，因域外大国的介入而复杂化，民族分裂势力、敌对势力颠覆活动等持续影响国家领土主权安全。

非传统安全领域更趋复杂多样。虽然我国对世界经济的影响力在提高，但贸易保护主义和科技金融打压使我国的经济安全面临新挑战。随着我国经济“走出去”规模不断扩大，海外权益安全问题日益凸显。国内经济下行压力加大，改革进入攻坚期和深水区、利益关系深刻调整、社会不稳定的因素增多，公共安全领域的隐患不断积累，社会矛盾纠纷易发多发。此外，恐怖主义、网络安全、公共卫生安全、跨国犯罪、气候变化、严重自然灾害、环境污染等问题对国家安全形成的挑战日渐加剧。

（三）财政金融风险显性化

近年来我国实体经济杠杆率呈快速攀升态势，经济增长具有显著的债务扩张驱动特征。在世界经济增长乏力、外需环境不确定性增强、资本产出效率持续下降、潜在增长率趋于下行等因素影响下，债务驱动型增长模式难以为继。从私人部门债务风险看，我国非金融企业部门债务负担较重，杠杆率尤其是国有企业杠杆率远超OECD国家90%的安全阈值，企业用短期债务支持长期投资的现象普遍存在，在去杠杆的背景下容易引发流动性风险。从企业类型看，国有企业杠杆率居高不下，而民营企业则面临融资难、融资贵等问题。在我国经济下行压力加大的情况下，企业的盈利能力将进一步承压，债务偿还压力增大，信用风险逐步上升。

从地方政府债务风险看，目前我国地方政府债务存量规模持续扩大，在财政收入增速放缓、支出刚性加大等情况下，未来随着教育、医疗卫生、社会保障、环保等刚性支出持续增加，地方财政运行风险突出，地方政府违法违规举债行为时有发生，风险不容忽视。从房地产市场风险看，随着我国城镇化进程放缓，购房适龄人口继续减少，住房市场刚性需求增长将显著放缓，结构性矛盾将逐步凸显，尤其是人口净流出、缺乏产业支撑的三四线城市房价下行压力加大，可能触发金融风险。此外，在我国金融市场对外开放程度不断扩大的情况下，国内资本市场对跨境资本流动和汇率波动等外部冲击更为敏感，金融市场之间的风险交叉传染可能性加大，内外风险联动性增强。

（四）科技围堵压力增强

近年来，美国等西方国家开始有针对性地对我国高端制造业和高科技行业实施全方位的限制，既限制在信息技术、航空航天、新能源汽车、生物技术等关键科技领域对我国出口，又限制我国企业投资并购关键制造业领域高科技企业，意图遏制我国制造业向产业链高端转型的势头。2020年以来，美国先后将我国数十家高科技企业、高校和科研机构列入“实体清单”进行制裁，取消了部分科研人员和留学生赴美签证，并对我国高科技企业芯片制造环节进行打击，对相关企业和研究机构的正常经营和科研活动产生负面冲击。

我国正处于产业转型升级的攻关期，产业结构迈向中高端任重道远。在低端市场上，随着近年来劳动力、土地、融资、环保等生产综合成本持续上升，产品成本与周边的国家和地区相比已经不再具有明显竞争优势。同时，我国企业自主创新能力不足，许多核心技术和关键零部件仍然受制于人，在高端市场上尚无法与欧美等发达国家竞争。因此，如果我国不能有效提高科技创新能力，攻克“卡脖子”科技难题，在内外压力的“双重挤压”下，我国产业转型升级进程可能严重受阻。

（五）收入分配差距拉大

随着我国经济社会的发展，劳动者工资水平和城乡居民收入水平实现稳步提升，生活水平持续改善，绝对贫困人口也将全部脱贫。但与此同时，城乡居民之间、地区之间、行业之间、群体之间不合理的收入差距仍显偏大。近年来，我国居民收入的基尼系数尽管较此前有所下降，但仍高于国际上0.4的警戒线。

收入分配差距拉大既与市场经济本身的固有特点有关，也有我国经济结构不合理，户籍制度、收入分配制度、财政税收制度、社会保障制度、市场竞争制度等经济体制改革尚不到位等原因。过大的收入分配差距将会给经济发展和社会稳定带来严重的负面影响，不仅会导致低收入群体人力资本难以有效积累，造成消费不足，影响经济增长可持续性，还容易造成社会阶层固化，引发严重社会矛盾。进入中国特色社会主义新时代，应在继续做大“蛋糕”的同时，把“蛋糕”分好，让人民群众有更多的获得感，促进社会公平正义，让改革发展成果更多更公平惠及全体人民。

第五章

准确把握新时代坚持和发展中国特色社会主义、实现中华民族伟大复兴的总体要求

党的十八大以来，我们党形成并统筹推进“五位一体”总体布局、形成并协调推进“四个全面”战略布局。“五位一体”总体布局和“四个全面”战略布局相互促进、统筹联动，从全局上确立了新时代坚持和发展中国特色社会主义的战略规划和部署。面对新时代的新要求，要在推动经济发展的基础上，建设社会主义市场经济、民主政治、先进文化、生态文明，协同推进人民富裕、国家强盛、中国美丽。

第一节

“五位一体”总体布局

实现伟大梦想，必须推进伟大事业。推进改革开放和中国特色社会主义事业，对实现中华民族伟大复兴具有里程碑的意义。经济建设、政治建设、文化建设、社会建设、生态文明建设“五位一体”，是推进中国特色社会主义事业的总体布局，目标是最终全面建成富强民主文明和谐美丽的社会主义现代化强国。

党的十一届三中全会	• 经济建设
党的十二大	• 物质文明建设、精神文明建设
党的十五大	• 经济建设、政治建设、文化建设
党的十七大	• 经济建设、政治建设、文化建设、社会建设
党的十八大	• 经济建设、政治建设、文化建设、社会建设、生态文明建设

图 5-1　“五位一体”总体布局的演进

一、统筹推进经济建设

作为一个人口多、底子薄、发展不平衡不充分的发展中大国，我国仍处于并将长期处于社会主义初级阶段，发展仍是解决我国一切问题的基础和关键。必须坚持发展是硬道理的战略思想，集中精力把经济建设搞上去、把人民生活搞上去，为中华民族伟大复兴奠定坚实的物质基础。

（一）以经济建设为中心是兴国之要

以经济建设为中心是改革开放以来一条最为成功的经验。改革开放四十余年，我国经济高速增长，经济总量实现一连串的超越，1995年超过加拿大，排名全球第七位；2000年超过意大利，排名全球第六位；2005年超过法国，排名全球第五位；2006年超过英国，2007年超过德国，2010年超过日本，成为世界第二大经济体。如果没有以经济建设为中心的战略选择，就不可能有今天这样的历史性成就。

必须清醒认识到，我国仍处于并将长期处于社会主义初级阶段的基本国情没有变，我国是世界最大发展中国家的国际地位没有变。与此同时，也要清醒认识到，随着新冠肺炎疫情暴发和大流行，世界经济深度衰退、国际贸易和投资大幅萎缩、国际金融市场动荡、国际交往受限、经济全球化遭遇逆流、一些国家保护主义和单边主义盛行、地缘政治风险上升，我们发展面临更加不稳定不确定的外部环境。

坚持党在社会主义初级阶段的基本路线，必须主动适应国内外经济形势新变化，加快形成以国内大循环为主体、国内国际双循环相互促进的新发展格局，着力激发各类市场主体发展新活力，着力增强创新驱动发展新动力，着力构建现代产业发展新体系，着力培育开放型经济发展新优势，使经济发展更多依靠内需特别是消费需求拉动，更多依靠现代服务业和战略性新兴产业带动，更多依靠科技进步、劳动者素质提高、管理创新驱动，更多依靠节约资源和循环经济推动，更多依靠城乡区域发展协调互动。

（二）今后一个时期推动经济建设的重要任务

习近平总书记在党的十九大报告中明确提出，我国经济已由高速增长阶段转向高质量发展阶段，正处在转变发展方式、优化经济结构、转换增长动力的攻关期，建设现代化经济体系是跨越关口的迫切要求和我国发展的战略目标[1]。必须坚持质量第一、效益优先，以供给侧结构性改革为主线，推动经济发展质量变革、效率变革、动力变革，提高全要素生产率，加快建设实体经济、科技创新、现代金融、人力资源协同发展的产业体系，着力构建市场机制有效、微观主体有活力、宏观调控有度的经济体制，不断增强我国经济创新力和竞争力。

建设现代化经济体系需要着力抓好六大重点工作。

第一，必须把发展经济的着力点放在实体经济上，把提高供给体系质量作为主攻方向，显著增强我国经济质量优势。加快建设制造强国，支持传统产业优化升级，推动先进制造业与现代服务业融合、推动数字经济与实体经济融合，推动产业基础高级化、产业链现代化攻坚，加强新型基础设施网络建设，激发和保护企业家精神，建设知识型、技能型、创新型劳动者大军。

第二，必须加快建设创新型国家，强化国家战略科技力量，健全国家实验室体系，强化自主创新与基础研究，构建社会主义市场

[1]《党的十九大报告辅导读本》，人民出版社2017年版，第29页。

经济条件下关键核心技术攻关新型举国体制，建立以企业为主体、市场为导向、产学研深度融合的技术创新体系。强化知识产权创造、保护、运用，培养造就一大批具有国际水平的战略科技人才、科技领军人才、青年科技人才和高水平创新团队。

第三，必须实施乡村振兴战略，坚持农业农村优先发展，保障国家粮食安全，按照产业兴旺、生态宜居、乡风文明、治理有效、生活富裕的总要求，着力推动农村一二三产业融合发展，建立健全城乡融合发展体制机制和政策体系，促进城乡要素自由流动、平等交换和公共资源合理配置，加快形成工农互促、城乡互补、全面融合、共同繁荣的新型工农城乡关系，加快推进农业农村现代化。

第四，必须实施区域协调发展战略，加大力度支持革命老区、民族地区、边疆地区、贫困地区加快发展，强化举措推进西部大开发形成新格局，深化改革加快东北等老工业基地振兴，发挥优势推动中部地区崛起，创新引领率先实现东部地区优化发展，建立更加有效的区域协调发展新机制。加快推动京津冀协同发展、长江经济带发展、粤港澳大湾区建设、海南全面深化改革开放、长三角一体化发展、黄河流域生态保护和高质量发展、成渝地区双城经济圈建设等重大区域战略推进。

第五，必须加快完善社会主义市场经济体制，实现产权有效激励、要素自由流动、价格反应灵活、竞争公平有序、企业优胜劣汰。加快建设高标准市场体系，完善公平竞争制度，健全破产制度，强化竞争政策基础地位，全面实施市场准入负面清单制度。不断健全产权保护制度，建立知识产权侵权惩罚性赔偿制度。推进要素市场制度建设，实现要素价格市场决定、流动自主有序、配置高效公平。

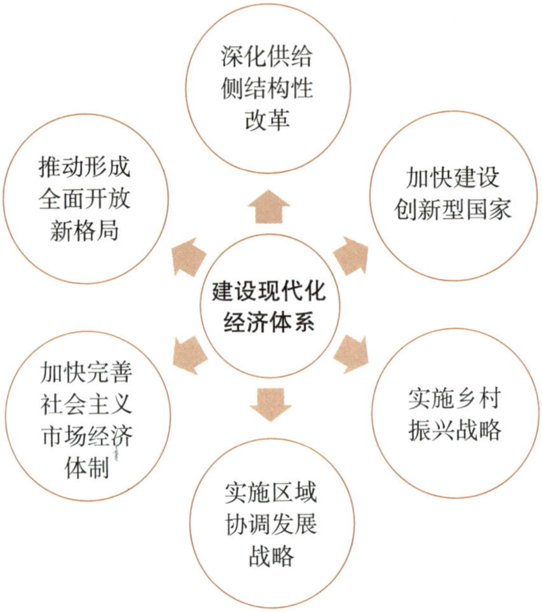

图 5–2　建设现代化经济体系的重点任务

第六，必须推动形成全面开放新格局，开放带来进步，封闭必然落后，中国开放的大门不会关闭，只会越开越大。坚持“引进来”和“走出去”并重，遵循共商共建共享原则，加强创新能力开放合作，形成全方面、多层次、宽领域的全面开放新格局。加快推进海南自由贸易港建设，聚焦贸易投资自由化便利化，建立与高水平自由贸易港相适应的政策制度体系，将海南自由贸易港打造成为引领我国新时代对外开放的鲜明旗帜和重要开放门户。

此外，必须牢固树立风险意识、底线思维，保持战略定力精准施策，做好“六稳”工作、落实“六保”任务，以“兜底线”为重点维护财政平稳运行，以“稳杠杆”为目标防控债务风险，决不能因为财政困难而违法违规举债，决不能为了解决短期问题而留下后遗症，必须牢牢守住不发生系统性风险的底线。

二、统筹推进政治建设

人民民主是社会主义的生命，没有民主就没有社会主义，就没有社会主义现代化。必须坚定不移走中国特色社会主义政治发展道路，发展社会主义政治文明，建设社会主义法治国家，使我国社会主义民主政治展现出更加旺盛的生命力。

（一）走中国特色社会主义政治发展道路

中国特色社会主义政治制度拥有鲜明的特色与优势。“为政不在多言，须息息从省身克己而出；当官务持大体，思事事皆民生国计所关。”在我国这样一个拥有5 000多年文明史、14亿人口的国家建立起人民当家作主的新型政治制度，在中国政治发展史乃至世界政治发展史上都具有划时代意义。中国特色社会主义政治制度之所以行得通、有生命力、有效率，就是因为它是从中国的社会土壤中生长起来的。

在中国特色社会主义政治制度下，我国社会主义民主是维护人民根本利益的最广泛、最真实、最管用的民主。这样一套制度安排，能够体现人民意志，保障人民权益，保证人民当家作主，更加广泛参加国家治理和社会治理；能够有效调节国家政治关系，发展充满活力的政党关系、民族关系、宗教关系、阶层关系、海内外同胞关系，增强民族凝聚力，形成安定团结的政治局面；能够集中力量办大事，有效促进社会生产力解放和发展，促进人民生活质量和水平不断提高；能够有效维护国家独立自主，有力维护国家主权、安全、发展利益。

中国特色社会主义民主是不断发展中的新事物，也是好事物，在全面深化改革进程中，我们要积极稳妥推进政治体制改革，以保证人民当家作主为根本，以增强党和国家活力、调动人民积极性为目标，不断建设社会主义政治文明。

专栏 5-1

西式民主的危机

2014年3月，英国《经济学人》刊登了一篇文章《民主出了什么问题》。文章指出，从2000年至今，西式民主在全球范围内正在面对越来越多的障碍，以往被人们津津乐道的西式民主，到现在只剩下选举这个外在形式，而且西式民主制度的有效运转也面临缺乏制度保障的困境。民主在西方国家内部常常和运转失灵等紧密地联系在一起，在非西方国家则由于带来社会动荡和社会分裂而屡屡崩溃，西式民主暴露出越来越多的危机。有学者把发达国家的民主危机概括为金钱左右政治、体系运转失灵、民粹主义盛行。

（二）今后一个时期推动政治建设的重要任务

新时代的社会主义民主政治建设，其丰富内涵是坚持党的领导、人民当家作主、依法治国有机统一，其生动实践要求健全民主制度，丰富民主形式，拓宽民主渠道，依法实行民主选举、民主协商、民主决策、民主管理、民主监督，使各方面制度和国家治理更好体现人民意志、保障人民权益、激发人民创造，确保人民依法通过各种途径和形式管理国家事务。

今后一个时期，坚定不移走中国特色社会主义民主政治发展道路，要重点部署以下六项任务：

一是坚持和完善人民代表大会制度这一根本政治制度。支持和保证人民通过人民代表大会行使国家权力，保证各级人大都由民主选举产生、对人民负责、受人民监督，保证各级国家机关都由人大产生、对人大负责、受人大监督。支持和保证人大及其常委会依法行使职权，健全人大对“一府一委两院”监督制度，密切人大代表同人民群众的联系。

二是坚持和完善中国共产党领导的多党合作和政治协商制度。加强中国特色社会主义政党制度建设，健全相互监督特别是中国共产党自觉接受监督、对重大决策部署贯彻落实情况实施专项监督等机制。坚持社会主义协商民主的独特优势，统筹推进政党协商、人大协商、政府协商、政协协商、人民团体协商、基层协商以及社会组织协商，构建程序合理、环节完整的协商民主体系，完善协商于决策之前和决策实施之中的落实机制，丰富有事好商量、众人的事情由众人商量的制度化实践。

三是巩固和发展最广泛的爱国统一战线。坚持大统战工作格局，坚持一致性和多样性统一，完善照顾同盟者利益政策，深化民族团结进步教育，坚持我国宗教的中国化方向，加强党外知识分子工作，构建亲清新型政商关系，促进非公有制经济健康发展和非公有制经济人士健康成长，广泛团结联系海外侨胞和归侨侨眷，谋求最大公约数，画出最大同心圆，促进政党关系、民族关系、宗教关系、阶层关系、海内外同胞关系和谐。

四是坚持和完善民族区域自治制度。坚定不移走中国特色解决民族问题的正确道路，坚持各民族一律平等，坚持各民族共同团结奋斗、共同繁荣发展，保证民族自治地方依法行使自治权，保障少数民族合法权益。坚持不懈开展马克思主义祖国观、民族观、文化观、历史观宣传教育，打牢中华民族共同体思想基础。支持和帮助民族地区加快发展。

五是健全充满活力的基层群众自治制度。在城乡社区治理、基层公共事务和公益事业中广泛实行群众自我管理、自我服务、自我教育、自我监督，拓宽人民群众反映意见和建议的渠道，着力推进基层直接民主制度化、规范化、程序化。健全以职工代表大会为基本形式的企事业单位民主管理制度，探索企业职工参与管理的有效方式。

六是坚持和完善中国特色社会主义行政体制。完善国家行政体制，推进国家机构职能优化协同高效，深化行政执法体制改革，继续探索实行跨领域跨部门综合执法，加快推进全国一体化政务服务平台建设。优化政府职责体系，完善政府经济调节、市场监管、社会管理、公共服务、生态环境保护等职能，健全以国家发展规划为战略导向，以财政政策和货币政策为主要手段，就业、产业、投资、消费、区域等政策协同发力的宏观调控制度体系。优化政府组织结构，推进机构、职能、权限、程序、责任法定化，严格机构编制管理，优化行政区划设置，提高中心城市和城市群综合承载和资源优化配置能力。健全充分发挥中央和地方两个积极性体制机制，加强中央宏观事务管理，维护国家法制统一、政令统一、市场统一，赋予地方更多自主权，支持地方创造性开展工作，优化政府间事权和财权划分，形成稳定的各级政府事权、支出责任和财力相适应的制度。

图5-3　发展社会主义民主政治的重点任务

三、统筹推进文化建设

一个国家、一个民族的强盛，总是以文化兴盛为支撑的。没有文明的继承和发展，没有文化的弘扬和繁荣，就没有中国梦的实现。要坚持走中国特色社会主义文化发展道路，弘扬社会主义先进文化，不断丰富人民精神世界，增强人民精神力量，努力建设社会主义文化强国。

（一）文化自信是更基本更深沉更持久的力量

文化是民族的血脉，是人民的精神家园。全面建成小康社会，实现中华民族伟大复兴，必须推动社会主义文化大发展大繁荣，兴起社会主义文化建设新高潮，提高国家文化软实力，发挥文化引领风尚、教育人民、服务社会、推动发展的作用。

建设社会主义文化强国，是与我国深厚文化底蕴和丰富文化资源相匹配、与中国特色社会主义事业总体布局相适应、与建设富强民主文明和谐美丽的社会主义现代化强国目标相承接，是中国共产党人必须承担的庄严历史责任。我们既要让人民过上殷实富足的物质生活，又要让人民享有健康丰富的文化生活，更好满足人民日益增长的精神文化需求，切实保障人民基本文化权益。没有高度的文化自信，没有文化的繁荣兴盛，就没有中华民族的伟大复兴。只有扎实推进社会主义文化强国建设，才能进一步提升民族凝聚力和创造力，进一步解放和发展文化生产力，增强国家软实力和中华文化国际影响力，形成具有核心竞争力的文化优势，为实现中华民族伟大复兴提供强大动力和有力支撑。

（二）今后一个时期推动文化建设的重要任务

发展社会主义先进文化，广泛凝聚人民精神力量，是国家治理体系和治理能力现代化的深厚支撑。围绕建设社会主义文化强国，今后一个时期要重点推进以下任务：

一是牢牢掌握意识形态工作领导权，推进马克思主义中国化时代化大众化，建设具有强大凝聚力和引领力的社会主义意识形态，使全国人民在思想信念、价值理念、道德观念上紧紧团结在一起。坚持马克思主义在意识形态领域指导地位的根本制度，健全用党的创新理论武装全党、教育人民工作体系，完善党委（党组）理论学习中心组等各层级学习制度。深入实施马克思主义理论研究和建设工程，加强和改进学校思想政治教育，落实意识形态工作责任制。

二是培育和践行社会主义核心价值观，以培养担当民族复兴大任的时代新人为着眼点，发挥其对国民教育、精神文明创建、精神文化产品创作生产传播的引领作用。坚持以社会主义核心价值观引领文化建设制度，推动理想信念教育常态化、制度化，加强党史、新中国史、改革开放史、社会主义发展史教育，实施公民道德建设工程，推进新时代文明实践中心和县级融媒体中心建设，完善弘扬社会主义核心价值观的法律政策体系，推进中华优秀传统文化传承发展工程，完善诚信建设长效机制，健全志愿服务体系。

三是健全人民文化权益保障。坚持以人民为中心的工作导向，在深入生活、扎根人民中进行无愧于时代的文艺创造，完善文化产品创作生产传播的引导激励机制。完善城乡公共文化服务体系，优化城乡文化资源配置，推动基层文化惠民工程扩大覆盖面、增强实效性，健全支持开展群众性文化活动机制，鼓励社会力量参与公共文化服务体系建设，充分利用信息技术推动优质公共文化资源上网与开放共享。

四是完善坚持正确导向的舆论引导。坚持党管媒体原则，构建网上网下一体、内宣外宣联动的主流舆论格局，建立以内容建设为根本、先进技术为支撑、创新管理为保障的全媒体传播体系，健全重大舆情和突发事件舆论引导机制，建立健全网络综合治理体系，加强和创新互联网内容建设，全面提高网络治理能力，营造清朗的网络空间。

五是推动文化事业和文化产业发展。加快构建把社会效益放在首位、社会效益和经济效益相统一的文化创作生产体制机制。深化文化体制改革，加快完善文化管理体制与生产经营机制，健全现代文化产业体系和市场体系，完善以高质量发展为导向的文化经济政策，健全引导新型文化业态健康发展机制，完善文化和旅游融合发展，推进国际传播能力建设，讲好中国故事，提高国家文化软实力。

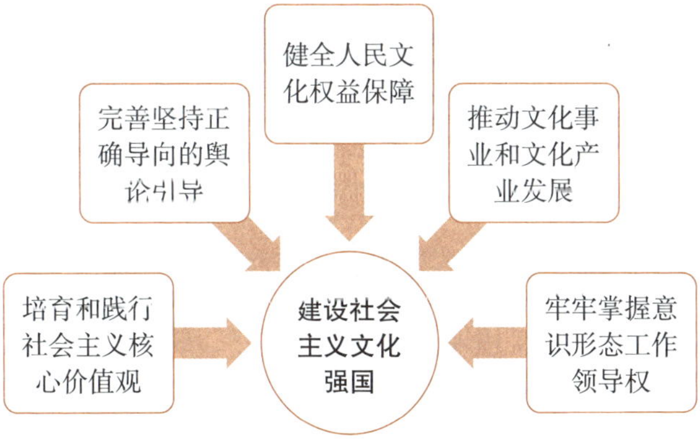

图 5–4　建设社会主义文化强国的重点任务

四、统筹推进社会建设

“治天下也，必先公，公则天下平矣。”让广大人民群众共享改革发展成果，是社会主义的本质要求，是社会主义制度优越性的集中体现。习近平总书记指出，我们的人民热爱生活，期盼有更好的教育、更稳定的工作、更满意的收入、更可靠的社会保障、更高水平的医疗卫生服务、更舒适的居住条件、更优美的环境，期盼孩子们能成长得更好、工作得更好、生活得更好。人民对美好生活的向往，就是我们的奋斗目标[1]。

（一）打造共治共建共享的社会治理格局

以人民为中心的发展思路，就是要以促进社会公平正义、增进人民福祉为出发点和落脚点，这也是中国共产党始终不渝的奋斗目标。改革愈是深化，愈要重视平衡社会利益；发展愈是向前，愈要体现到人民生活改善上。

经济发展是硬道理，社会和谐、社会稳定也是硬道理，抓发展、抓稳定两手都要硬。全面建成小康社会、建成社会主义现代化强国，就是要通过解放和发展社会生产力，满足人民日益增长的物

[1] 在十八届中央政治局常委同中外记者见面会上的讲话（2012年11月15日），《人民日报》2012年11月16日。

质文化需要，促进人的全面发展，实现全体人民共同富裕。如果发展不能回应人民的期待，不能让群众得到实际利益，这样的发展就失去意义，也不可能持续。如何把我国社会主义制度优势转化为社会治理效能，形成共治共建共享的社会治理格局，关系到人民安居乐业、社会安定有序、国家长治久安。社会建设根本上是要把公平正义落实到我国宏观制度和微观制度的方方面面，要处理好各阶层各群体之间的利益关系、效率与公平的关系、改善民生与创新社会管理的关系、顶层设计顶层推动与基层创新的关系、政府主导与市场多元主体的关系。

随着我国新型工业化、信息化、城镇化、农业现代化快速发展，经济结构深刻变革、利益格局深刻调整、思想观念深刻变化、社会结构深刻变动，社会治理环境变化之快、改革发展稳定任务之重、矛盾风险挑战之多，可以说是前所未有，迫切需要我们加强和创新社会治理，完善体制，提高水平。

（二）今后一个时期推动社会建设的重要任务

按照党的十九大提出的“尽力而为，量力而行，一件事情接着一件事情办，一年接着一年干”的原则，坚持和完善统筹城乡的民生保障制度，注重加强普惠性、基础性、兜底性民生建设，使改革发展成果更多更公平惠及全体人民，满足人民日益增长的美好生活需要，今后一个时期要抓好六大重点任务：

一是优先发展教育事业。推动城乡义务教育一体化发展，办好学前教育、特殊教育，普及高中阶段教育，完善职业教育和培训体系，加快一流大学和一流学科建设。支持和规范民办教育、合作办学。构建覆盖城乡的家庭教育指导服务体系。发挥网络教育和人工智能优势，创新教育和学习方式，构建服务全民终身学习的教育体系。

二是促进更充分更高质量就业。坚持就业优先战略和积极就业政策，实现更高质量和更充分就业，坚持在经济增长的同时实现居民收入同步增长、在劳动生产率提高的同时实现劳动报酬同步提高。健全公共就业服务和终身职业技能培训制度，完善重点群体就业支持体系，建立促进创业带动就业、多渠道灵活就业机制。健全劳动关系协调机制，构建和谐劳动关系，促进广大劳动者实现体面劳动、全面发展。

三是完善覆盖全民的社会保障体系。加快建立基本养老保险全国统筹制度，稳步提高保障水平，加快落实社保转移接续、异地就医结算制度，规范社保基金管理，发展商业保险。统筹完善社会救助、社会福利、慈善事业、优抚安置等制度，健全退役军人工作体系和保障，完善农村留守儿童和妇女、老年人关爱服务体系，健全残疾人帮扶制度。加快建立多主体供给、多渠道保障、租购并举的住房制度。

四是深入实施健康中国战略。坚持关注生命全周期、健康全过程，全面建立中国特色基本医疗卫生制度、医疗保障制度和优质高效的医疗卫生服务体系。坚持以基层为重点、预防为主、防治结合、中西并重。加强公共卫生防疫和重大传染病防控，健全重特大疾病医疗保险和救助制度。积极应对老龄化，加快建设居家社区机构相协调、医养康养相结合的养老服务体系。

五是坚持和完善共建共治共享的社会治理制度。坚持和发展新时代“枫桥经验”，健全人民调解、行政调解、司法调解联动工作体系，完善社会矛盾纠纷多元预防调处化解综合机制。完善社会治安防控体系，坚持专群结合、群防群治，提高预测预警预防各类风险能力，增强社会治安防控的整体性、协同性、精准性。健全公共安全体制机制，优化国家应急管理能力体系建设，提高防灾减灾救灾能力。完善群众参与基层社会治理的制度化渠道，推进社区网格化管理和服务。

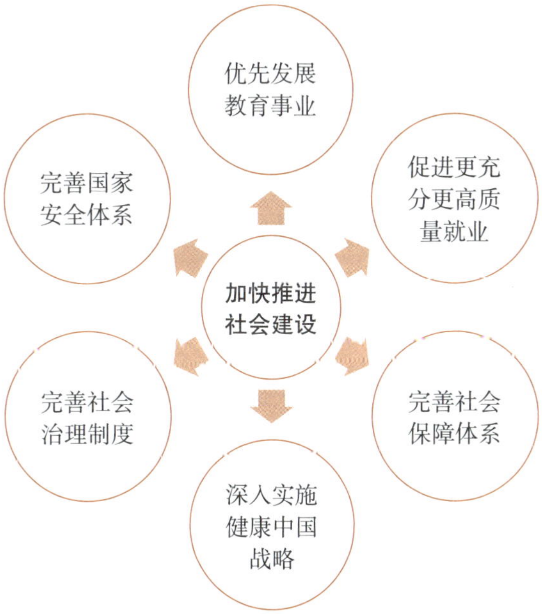

图5–5　加快推进社会建设的重点任务

六是完善国家安全体系。坚持总体国家安全观，统筹发展和安全，完善集中统一、高效权威的国家安全领导体制，健全国家安全法律制度体系，完善国家安全战略和国家安全政策，加强国家安全人民防线建设，增强全民国家安全意识，严密防范和坚决打击各种渗透颠覆破坏活动、暴力恐怖活动、民族分裂活动、宗教极端活动，建立健全国家安全风险研判、防控协同、防范化解机制与体系。

五、统筹推进生态文明建设

良好生态环境是最公平的公共产品，是最普惠的民生福祉。随着经济社会的发展，人民群众对清新空气、干净饮水、安全食品、优美环境的要求越来越强烈。必须坚持节约资源和保护环境的基本国策，坚定走生产发展、生活富裕、生态良好的文明发展道路，加快建设资源节约型、环境友好型社会，推进美丽中国建设，为全球生态安全作出新贡献。

（一）生态文明事关人民福祉民族未来

生态兴则文明兴，生态衰则文明衰。建设生态文明，是关系人民福祉、关乎民族未来的长远大计。人类只有遵循自然规律才能有效防止在开发利用自然上走弯路，人类对大自然的伤害最终会伤及人类自身，这是无法抗拒的规律。保护生态环境就是保护生产力，改善生态环境就是发展生产力。

要把生态环境保护放在更加突出位置，像保护眼睛一样保护生态环境，像对待生命一样对待生态环境，在生态环境保护上一定要算大账、算长远账、算整体账、算综合账，不能因小失大、顾此失彼、寅吃卯粮。殷鉴不远，西方传统工业化的迅猛发展在创造巨大物质财富的同时，也付出了十分沉重的生态环境代价。作为14亿人口的大国，我们要建设的现代化是人与自然和谐共生的现代化，既要创造更多物质财富和精神财富以满足人民日益增长的美好生活需要，也要提供更多优质生态产品以满足人民日益增长的优美生态环境需要，决不以牺牲环境、浪费资源为代价换取一时的经济增长，决不走“先污染后治理”的老路。

（二）今后一个时期推动生态文明建设的重要任务

党的十九大强调坚持节约优先、保护优先、自然恢复为主的方针，坚定走生产发展、生活富裕、生态良好的文明发展道路，形成节约资源和保护环境的空间格局、产业结构、生产方式、生活方式。今后一个时期，要重点部署四大任务：

一是推进绿色发展，加快建立绿色生产和消费的法律制度和政策导向，建立健全绿色低碳循环发展的经济体系，构建市场导向的绿色技术创新体系，壮大节能环保产业、清洁生产企业、清洁能源产业，构建清洁低碳、安全高效的能源体系，推进资源全面节约和循环利用，实现生产系统和生活系统循环链接，倡导简约适度、绿色低碳的生活方式，健全自然资源产权制度，落实资源有偿使用制度，实行资源总量管理与全面节约制度，健全海洋资源开发保护制度。

二是着力解决突出环境问题，持续实施大气污染防治行动，实施流域环境和近岸海域综合治理，强化土壤污染管控和修复，加强固体废弃物和垃圾处置，构建政府为主导、企业为主体、社会组织和公众共同参与的环境治理体系。构建以排污许可制为核心的固定污染源监管制度体系，完善污染防治区域联动机制和陆海统筹的生态环境治理体系，加强农业农村环境污染防治。

三是加大生态系统保护修复力度，实行最严格的生态环境保护制度，健全源头防控、过程控制、损害赔偿、责任追究的生态环境保护体系。加快建立健全国土空间规划和用途统筹协调管控制度，统筹划定落实生态保护红线、永久基本农田、城镇开发边界等空间管控边界以及各类海域保护线。统筹山水林田湖草一体化保护修复，构建以国家公园为主体的自然保护地体系。开展大规模国土绿化行动，铸牢生态安全屏障。

四是建立健全生态环境治理体系，加强对生态文明建设的总体设计和组织领导，建立生态文明建设目标评价考核制度，强化环境保护、自然资源管控、节能减排等约束性指标管理，严格落实企业主体责任和政府监管责任。推进生态环境保护综合行政执法，落实中央生态环境保护督察制度，完善生态环境公益诉讼制度，落实生态补偿和生态环境损害赔偿，实行生态环境损害责任终身追究。建立黄河、长江全流域横向生态补偿机制，探索开展排污权交易等市场化补偿方式，形成完善的生态补偿政策体系。

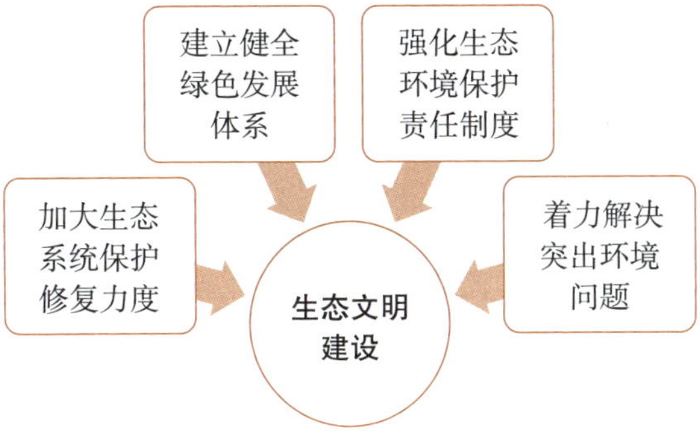

图5–6　生态文明建设的重点任务

第二节

“四个全面”战略布局

“四个全面”是实现“两个一百年”奋斗目标的战略布局，党的十八大强调“全面建成小康社会”，党的十八届三中全会部署“全面深化改革”，党的十八届四中全会要求“全面推进依法治国”，习近平总书记在党的群众路线教育实践活动总结大会上部署“全面推进从严治党”。2014年12月，习近平总书记在江苏调研时，首次并列提出“协调推进全面建成小康社会、全面深化改革、全面推进依法治国、全面从严治党”[1]。全面建成小康社会是战略目标，全面深化改革、全面依法治国、全面从严治党是三大战略举措，为全面建成小康社会提供动力源泉、法治保障和政

[1] 在江苏调研时的讲话（2014年12月13–14日），《人民日报》2014年12月15日。

治保证。

一、决胜全面建成小康社会的战略目标

全面建成小康社会，是中华民族千百年来孜孜以求的梦想，是中国共产党向人民、向历史作出的承诺。2020年，是全面建成小康社会的决胜期、收官期，必须适应我国社会主要矛盾的历史性变化，确保实现第一个百年奋斗目标。

（一）贵在全面建成

全面小康覆盖经济、政治、文化、社会、生态五大领域，又包含东、中、西、东北四大板块和城市、农村。全面建成小康，覆盖的领域要全面，同步推进五大建设协同。“千钧将一羽，轻重在平衡。”全面小康社会要求经济更加发展、民主更加健全、科教更加进步、文化更加繁荣、社会更加和谐、人民生活更加殷实。只有协同推进经济建设、政治建设、文化建设、社会建设、生态文明建设，才能促进现代化建设各个环节和各个方面全面发展、协调发展。全面小康，覆盖的人口要全面，全体人民要普遍受惠。“公与平者，即国之基址也。”全面小康，是全民共享的小康，不仅要从总体上、总量上实现小康，更重要的是让14亿人民都进入小康，得到实惠，绝不能让一部分人掉队、落伍。全面小康，覆盖的区域要全面，城乡区域统筹发展。发展不平衡、不充分的矛盾主要表现

在城乡区域之间。小康不小康，关键看老乡；同步不同步，主要看西部。全面建成小康社会，最繁重的任务在农村、在西部、在贫困地区。

（二）重在补齐短板

全面建成小康社会，突出的短板除脱贫攻坚、城乡区域差距之外，生态环境保护、基本公共服务也是薄弱环节。发达国家工业化进程中出现的资源环境问题，在我国现阶段集中凸显。经过改革开放40多年来的快速发展，我国农产品、工业品、服务产品的生产能力迅速扩大，但提供优质生态产品的能力却在减弱，一些地方的生态环境日益恶化，特别是空气、水、土壤三大污染严重，不仅损害人民群众的身体健康，而且制约经济社会的持续发展。如果按照发达国家现阶段人均资源消耗水平，无论是从资源保障还是从环境保护的角度分析，地球的承受能力都是不可支撑的。在民生领域，一方面基本公共服务总体供给能力不足，另一方面城乡区域间供给水平差距较大，群众在就业、教育、医疗、居住、养老等方面面临不少难题。这些短板对全面建成小康社会都将产生严重制约，必须下大气力破解。

（三）关键在决战决胜脱贫攻坚

党的十八大以来，以习近平同志为核心的党中央把全面建成小康社会放在“四个全面”战略布局的首位，把脱贫攻坚作为全面建成小康社会的底线任务和标志性指标，吹响了决战决胜的冲锋号，我国贫困人口从2012年底的9 899万人减少到2019年底的551万人，连续7年每年减贫1 000万人以上，并将在2020年彻底消除绝对贫困。世界上没有哪个政党能像中国共产党这样，以这么强的意志、这么快的速度、这么大的力度团结带领这么多人摆脱贫困、过上幸福安康的生活。

全面建成小康社会，是中国共产党带领中国人民创造的经济快速发展和社会长期稳定“两大奇迹”的集中体现。全面建成小康社会，直接表现为14亿中国人民即将普遍过上殷实宽裕的生活，这无疑是中华民族发展史上亘古未有的伟大跨越，背后则是中国综合国力、科技实力、国防实力、文化影响力、国际影响力的显著提升，使我们比历史上任何时期都更接近、更有信心和能力实现中华民族伟大复兴的目标。

全面建成小康社会大大提升人类社会整体发展水平。我国全面建成小康社会，将提前10年实现联合国2030年可持续发展议程的减贫目标，使全球人均GDP超过1万美元的经济体人口数量翻了将近一番，也是1990年处于低人类发展水平组别的47个国家中，唯一跻身高人类发展水平组的国家。当代中国脱贫攻坚的伟大实践，极大丰富了人类反贫困理论、拓展了人类反贫困实践，为世界上仍然处于贫困之中的人民追求富裕安康的生活贡献了中国智慧和中国方案。

专栏 5-2

小康社会建设目标任务的发展演进

1979年12月，邓小平同志在会见日本首相大平正芳时，谈到中国20世纪的目标是实现小康，他言简意赅地说："我们要实现的四个现代化，是中国式的四个现代化。我们的四个现代化的概念，不是像你们那样的现代化的概念，而是小康之家。"

1982年党的十二大首次正式提出"小康"的概念，把小康作为主要奋斗目标和我国国民经济和社会发展的阶段性标志，明确提出到20世纪末的20年，在不断提高经济效益的前提下，力争使全国工农业总产值翻两番，实现这个目标，城乡人民收入成倍增长，人民物质生活可以达到小康水平。

1987年党的十三大正式将实现小康作为"三步走"发展战略的第二步目标，明确提出"第二步，到本世纪末，使国民生产总值再增长一倍，人民生活达到小康水平"。

1997年10月召开的党的十五大提出，"21世纪的第一个十年要实现国民生产总值比2000年翻一番，使人民的小康生活更加宽裕"。

2002年党的十六大报告提出，“要在本世纪头二十年，集中力量，全面建设惠及十几亿人口的更高水平的小康社会”。

2012年党的十八大明确提出，“确保到2020年实现全面建成小康社会宏伟目标”。

2017年党的十九大号召全党全国人民决胜全面建成小康社会，夺取新时代中国特色社会主义伟大胜利。

二、全面深化改革是动力源泉

中国特色社会主义事业诞生和成长在改革开放中，也必将在改革开放中发展和壮大。过去的巨大变革、巨大动力、巨大成就、巨大进步，靠的是改革开放，今天的伟大斗争、伟大工程、伟大事业、伟大梦想，依然要靠改革开放。只有社会主义才能救中国，只有改革开放才能发展中国、发展社会主义、发展马克思主义。全面深化改革，要解决我们面临的深层次矛盾和体制机制弊端，是增强中国特色社会主义生机活力、推动事业发展的强大动力。

（一）改革开放决定当代中国命运

习近平总书记指出，改革开放是决定当代中国命运的关键一招，也是决定实现“两个一百年”奋斗目标、实现中华民族伟大复兴的关键一招[1]。实践发展永无止境，解放思想永无止境，改革开放永无止境。全面深化改革，强调“全面”，就是要统筹推进各领域改革，构建丰富全面的改革目标体系，在总目标引领下，增强改革的系统性、整体性和协同性，注重顶层设计和整体谋划，形成改革的总体效应，建立更完备、更稳定、更管用的制度体系。强调“深化”，就是表明已进入深水区、啃硬骨头、打攻坚战的阶段，进入增量改革与存量改革并重的阶段，改革不能浮于表面，必须向纵深推进，在以往改革成果的基础上，再上层楼、再进一步、再深一层，坚决破除一切不合时宜的思想观念和体制机制弊端，就是鼓励改革者要敢于触碰深层次矛盾，打破既有利益格局，敢闯敢试敢担当。

专栏 5-3

党的十一届三中全会以来改革的顶层设计

1978年12月党的十一届三中全会召开，标志着我国改革开放的大幕正式拉开。改革探索主要在农村实行家庭联

[1] 中共中央关于全面深化改革若干重大问题的决定（2013年11月12日），《求是》2013年第22期，第8–17页。

产承包制等。

1984年10月党的十二届三中全会通过《中共中央关于经济体制改革的决定》，城市经济体制改革的重点是冲破高度集中的计划经济壁垒，扩大企业自主权，推动价格体系改革。

1992年10月，党的十四大确立了建立社会主义市场经济体制的改革目标。

1993年11月，党的十四届三中全会明确了改革的重点任务，勾画出社会主义市场经济体制的基本框架。

1997年9月，党的十五大把坚持公有制为主体、多种所有制经济共同发展，坚持按劳分配为主体、多种分配方式并存，确定为我国在社会主义初级阶段的基本经济制度和分配制度。

2002年11月，党的十六大宣告我国“社会主义市场经济体制初步建立”，并提出到2020年建成完善的社会主义市场经济体制的改革目标。

2003年11月，党的十六届三中全会提出了完善社会主义市场经济体制的主要任务。

2012年11月，党的十八大提出全面深化改革开放的奋斗目标，部署了加快完善社会主义市场经济体制、加快转变经济发展方式的重点任务。

2013年11月，党的十八届三中全会提出全面深化改革的战略任务，明确到2020年在重要领域和关键环节改革上取得决定性成果。

2013年11月，党的十八届三中全会作出了《关于全面深化改革若干重大问题的决定》，明确经济体制改革是全面深化改革的重点，核心问题是处理好政府和市场的关系，使市场在资源配置中起决定性作用和更好发挥政府作用。

2019年10月，党的十九届四中全会作出了《关于坚持和完善中国特色社会主义制度、推进国家治理体系和治理能力现代化若干重大问题的决定》，分三步走明确了推进国家治理体系和治理能力现代化的总体目标与重大任务。

（二）今后一个时期全面深化改革的重要任务

改革只有进行时没有完成时。全面深化改革的总目标是完善和发展中国特色社会主义制度，推进国家治理体系和治理能力现代化。经济体制改革是全面深化改革的重点，核心是处理好政府和市场的关系，使市场在资源配置中发挥决定性作用，更好发挥政府作用。通过全面深化改革，将在重要领域和关键环节改革上取得决定性成果，形成系统完备、科学规范、运行有效的制度体系。

今后一个时期，全面深化改革要做到六个紧紧围绕：紧紧围绕使市场在资源配置中起决定性作用深化经济体制改革，紧紧围绕坚持党的领导、人民当家作主、依法治国有机统一深化政治体制改革，紧紧围绕建设社会主义核心价值体系、社会主义文化强国深化文化体制改革，紧紧围绕更好保障和改善民生、促进社会公平正义深化社会体制改革，紧紧围绕建设美丽中国深化生态文明体制改革，紧紧围绕提高科学执政、民主执政、依法执政水平深化党的建设制度改革。

今后一个时期，全面深化改革需要抓好十四项主要任务：坚持和完善基本经济制度、加快完善现代市场体系、加快转变政府职能、深化财税体制改革、健全城乡发展一体化体制机制、构建开放型经济新体制、加强社会主义民主政治制度建设、推进法治中国建设、强化权力运行制约和监督体系、推进文化体制机制创新、推进社会事业改革创新、创新社会治理体制、加快生态文明制度建设、深化国防和军队改革。

今后一个时期，全面深化改革要在五个领域坚持和完善社会主义基本经济制度：一是毫不动摇巩固和发展公有制经济，毫不动摇鼓励、支持、引导非公有制经济发展；二是坚持按劳分配为主体、多种分配方式并存，健全劳动、资本、土地、知识、技术、管理、数据等生产要素由市场评价贡献、按贡献决定报酬的机制；三是加快完善社会主义市场经济体制，建设高标准市场体系，强化竞争政策基础地位；四是完善科技创新体制机制，构建社会主义市场经济条件下关键核心技术攻关新型举国体制，建立以企业为主体、市场为导向、产学研深度融合的技术创新体系；五是建设更高水平开放型经济新体制，推动规则、规制、管理、标准等制度型开放，推动建立国际宏观经济政策协调机制。

专栏 5-4

改革开放以来政府和市场关系的演进

1981年6月，党的十一届六中全会提出“必须在公有制基础上实行计划经济，同时发挥市场调节的辅助作用”。

1982年9月，党的十二大提出“正确贯彻计划经济为主、市场调节为辅原则”。

1984年10月，党十二届三中全会提出“社会主义计划经济必须自觉依据和运用价值规律，是在公有制基础上的有计划的商品经济”。

1987年10月，党的十三大提出“新的经济运行机制，总体上来说应当是‘国家调节市场，市场引导企业’的机制”。

1988年9月，党的十三届三中全会提出“除少数重要商品和劳务价格由国家管理外，绝大多数商品价格放开，由市场调节，以转换价格形成机制”。

1993年11月，党的十四届三中全会提出“使市场在国家宏观调控下对资源配置起基础性作用”。

1997年9月，党的十五大提出“使市场在国家宏观调控下对资源配置起基础性作用”。

2002年11月，党的十六大提出“在更大程度上发挥市场在资源配置中的基础性作用”。

2007年10月，党的十七大提出“从制度上更好发挥市场在资源配置中的基础性作用”。

2012年11月，党的十八大提出“更大程度更广范围发挥市场在资源配置中的基础性作用”。

2013年11月，党的十八届三中全会提出“强调使市场在资源配置中起决定性作用和更好地发挥政府作用”。

三、全面推进依法治国是法治保障

“盖君子之为政，立善法于天下，则天下治；立善法于一国，则一国治。如其不能立法，而欲人人悦之，则日亦不足矣。”法治是国家治理体系和治理能力的重要保障。全面推进依法治国，是解决党和国家事业发展面临的一系列重大问题，解放和增强社会活力、促进社会公平正义、维护社会和谐稳定、确保党和国家长治久安的根本要求。

（一）依法治国是中国特色社会主义的本质要求

依法治国是中国共产党执政为民的优良传统。从社会主义法治建设的历程看，党的领导是中国特色社会主义最本质的特征，是社会主义法治最根本的保证，把党的领导贯彻到依法治国全过程和各方面，是我国社会主义法治建设的一条基本经验。全面依法治国，着眼促进国家生活和社会生活的法治化制度化规范化，是实现党和国家长治久安的重要保障。

全面推进依法治国，是坚持和发展中国特色社会主义的本质要求和重要保障，是实现国家治理体系和治理能力现代化的必然要求，是解决党和国家事业发展面临的一系列重大问题，解放和增强社会活力、促进社会公平正义、维护社会和谐稳定、确保党和国家长治久安的根本要求。必须清醒看到，同党和国家事业发展要求相比，同人民群众期待相比，同推进国家治理体系和治理能力现代化目标相比，法治建设还存在许多不适应、不符合的问题。在决胜全面建成小康社会、开启全面建设社会主义现代化国家新征程中，依法治国在党和国家工作全局中的地位更加突出、作用更加重大。

《中华人民共和国民法典》（以下简称《民法典》）是全面依法治国的重要制度载体。2020年第十三届全国人民代表大会第三次会议表决通过《民法典》，系统整合了新中国成立七十多年来长期实践形成的民事法律规范，汲取了中华民族五千多年优秀法律文化，借鉴了人类法治文明建设有益成果，把我国多年来实行社会主义市场经济体制和加强社会主义法治建设取得的一系列重要制度成果用法典的形式确定下来，体现对生命健康、财产安全、交易便利、生活幸福、人格尊严等各方面权利平等保护。这是一部固根本、稳预期、利长远的基础性法律，是新时代我国社会主义法治建设的重大成果。

专栏 5-5

改革开放以来全面依法治国理念的演进

1978年12月，党的十一届三中全会提出“有法可依、有法必依、执法必严、违法必究”的十六字方针。

1997年9月，党的十五大确立“依法治国”的基本方略。

2002年11月，党的十六大将“依法治国基本方略得到全面落实”列入全面建设小康社会的重要目标。

2007年10月，党的十七大提出加快建设“社会主义法治国家”。

2012年11月，党的十八大提出“全面推进依法治国”和“科学立法、严格执法、公正司法、全民守法”新十六字方针。

2014年10月，党的十八届四中全会全面部署依法治国各项任务。

2017年10月，党的十九大提出坚持法治国家、法治政府、法治社会一体建设，深化依法治国实践。

2019年10月，党的十九届四中全会提出坚持和完善中国特色社会主义法治体系，提高党依法治国、依法执政能力。

（二）今后一个时期全面依法治国的重要任务

“奉法者强则国强，奉法者弱则国弱。”全面推进依法治国是实现“两个一百年”奋斗目标、实现中华民族伟大复兴中国梦的法治保障。全面推进依法治国，总目标是建设中国特色社会主义法治体系，建设社会主义法治国家，总体布局是形成完备的法律规范体系、高效的法治实施体系、严密的法治监督体系、有力的法治保障体系、完善的党内法规体系等体系。

今后一个时期，全面依法治国的主要任务是完善以宪法为核心的中国特色社会主义法律体系，深入推进依法行政，加快建设法治政府，增强全民法治观念，推进法治社会建设，加强和改进党对全面推进依法治国的领导。关键是要抓住以下四个重点。

一是健全保证宪法全面实施的体制机制。坚持依法治国首先要坚持依宪治国、依法执政首先要以宪执政。加强宪法实施和监督，落实宪法解释程序机制，推进合宪性审查工作，加强备案审查制度和能力建设，依法撤销和纠正违宪违法的规范性文件。

二是完善立法体制机制。坚持科学立法、民主立法、依法立法，完善党委领导、人大主导、政府依托、各方参与的立法工作格局，立改废释并举，不断提高立法质量和效率。加快我国法域外适用的法律体系建设，以良法保障善治。

三是健全社会公平正义法治保障制度。坚持有法必依、执法必严、违法必究，严格规范公正文明执法，规范执法自由裁量权，加大关系群众切身利益的重点领域执法力度。深化司法体制综合配套改革，完善审判制度、检察制度，全面落实司法责任制，加强对司法活动的监督，努力让人民群众在每一个司法案件中感受到公平正义。

四是加强对法律实施的监督。保证行政权、监察权、审判权、检察权得到依法正确行使，保证公民、法人和其他组织合法权益得到切实保障。加大对严重违法行为处罚力度，实行惩罚性赔偿制度，严格刑事责任追究。加大全民普法工作力度。各级党和国家机关以及领导干部要提高运用法治思维和法治方式深化改革、推动发展、化解矛盾、维护稳定、应对风险的能力。

四、全面从严治党既是政治保障也是政治引领

全面从严治党，着眼保持党的先进性和纯洁性，锻造中国特色社会主义事业坚强领导核心，是中国共产党提高执政能力、完成执政使命的迫切要求，为全面建成小康社会、全面深化改革、全面依法治国提供根本保证。习近平总书记指出，中国特色社会主义进入新时代，中国共产党一定要有新气象新作为，打铁必须自身硬[1]。全面从严治党要贯穿于改革开放和现代化建设全过程，贯穿于党的建设和党内生活各方面，真正做到要求严、措施严，对上严、对下严，对事严、对人严。

（一）实现中华民族伟大复兴关键在党

党兴则国兴，党强则国强。站在新的历史起点上，前进道路上不确定、不稳定、不安全因素增多，难以预见的风险矛盾频发和叠加。必须深刻认识党面临的执政考验、改革开放考验、市场经济考验、外部环境考验的长期性和复杂性，深刻认识党面临的精神懈怠的危险、能力不足的危险、脱离群众的危险、消极腐败的危险的尖锐性和严峻性。“四大考验”和“四种危险”摆在中国共产党人面前，中国共产党要始终成为时代先锋、民族脊梁，始终成为马克思

[1]《党的十九大报告辅导读本》，人民出版社2017年版，第60页。

主义执政党，自身必须始终过硬。全党要敢于刮骨疗毒，着力解决管党治党失之于宽、失之于松、失之于软的问题，消除一切损害党的先进性和纯洁性的因素，清除一切侵蚀党的健康肌体的病毒，不断增强党的政治领导力、思想引领力、群众组织力、社会号召力。中国共产党领导是中国特色社会主义制度的最大优势。截至2019年12月31日，中国共产党党员总数为9 191.4万名，基层组织468.1万个，大专及以上学历党员4 661.5万名、占50.7%。党的历史表明，什么时候坚持正确组织路线，党的组织就蓬勃发展，党的事业就顺利推进；什么时候组织路线发生偏差，党的组织就遭到破坏，党的事业就出现挫折。

党的十八大以来，党中央在加强党的全面领导、健全党的组织体系、完善选人用人标准和工作机制、健全党内政治生活和组织生活制度等方面采取了一系列重大举措，推动党在革命性锻造中更加坚强。党的十八大以来，党中央针对党的建设中存在的突出问题，坚定不移全面从严治党，全面推进党的政治建设、思想建设、组织建设、作风建设、纪律建设，深入推进反腐败斗争，进一步完善和落实全面从严治党责任制度，建立健全解决党自身问题的长效机制。党的十八大以来，各级党组织普遍建立了党建工作责任制，党委抓、书记抓、各有关部门抓、一级抓一级、层层抓落实的党建工作格局基本形成。

（二）今后一个时期全面从严治党的重要任务

从严治党永远在路上。勇于自我革命，从严管党治党，是中国共产党最鲜明的品格。推进全面从严治党，既要解决思想问题，也要解决制度问题，必须坚持思想建党与制度治党同向发力，不断完善全面从严治党制度，全方位扎牢制度的笼子。今后一个时期，全面从严治党必须坚持党政军民学、东西南北中，党是领导一切的，坚决维护党中央权威，健全总揽全局、协调各方的党的领导制度体系，把党的领导落实到国家治理各领域各方面各环节。

一是完善坚定维护党中央权威和集中统一领导的各项制度。推动全党增强“四个意识”、坚定“四个自信”、做到“两个维护”。健全党中央对重大工作的领导体制，强化党中央决策议事协调机构职能作用，完善推动党中央重大决策落实机制。健全维护党的集中统一的组织制度，形成党的中央组织、地方组织、基层组织上下贯通、执行有力的严密体系，实现党的组织和党的工作全覆盖。

二是健全党的全面领导制度。完善党领导各项事业的具体制度，把党的领导落实到统筹推进“五位一体”总体布局、协调推进“四个全面”战略布局各方面。健全党领导经济社会各方面重要工作的制度规定，改进党领导实施重大战略的制度机制。完善党和国家机构职能体系，把党的领导贯彻到党和国家所有机构履行职责全过程，推动各方面协调行动、增强合力。

三是健全提高党的执政能力和领导水平制度。坚持民主集中制，完善发展党内民主和实行正确集中的相关制度。健全决策机制，加强重大决策的调查研究、科学论证、风险评估，强化决策执行、评估、监督。改进党的领导方式和执政方式，完善担当作为的激励机制，促进各级领导干部增强学习本领、政治领导本领、改革创新本领、科学发展本领、依法执政本领、群众工作本领、狠抓落实本领、驾驭风险本领，发扬斗争精神，增强斗争本领。

四是完善全面从严治党制度。贯彻新时代党的建设总要求，深化党的建设制度改革，坚持依规治党，建立健全以党的政治建设为统领，全面推进党的各方面建设的体制机制。坚持新时代党的组织路线，健全党管干部、选贤任能制度。规范党内政治生活，严明政治纪律和政治规矩，发展积极健康的党内政治文化。总体来看，贯彻落实全面从严治党要求抓好党的组织体系建设，重点是要抓好三个层面的组织建设。第一，中央和国家机关是贯彻落实党中央决策部署的“最初一公里”，把中央和国家机关建设成为讲政治、守纪律、负责任、有效率的模范机关。第二，地方党委是贯彻落实党中央决策部署的“中间段”，把地方党委建设成为坚决听从党中央指挥、管理严格、监督有力、班子团结、风气纯正的坚强组织。第三，基层党组织是贯彻落实党中央决策部署的“最后一公里”，把各领域基层党组织建设成为实现党的领导的坚强战斗堡垒。

五是落地落实全面从严治党的具体要求。第一，进一步完善和落实以党的政治建设为统领，全面推进党的各方面建设的体制机制，用严明的制度推动党的政治领导、政治原则、政治纪律、政治主张落地落实。第二，进一步完善和落实党管干部、选贤任能制度，坚持德才兼备、以德为先，坚持五湖四海、任人唯贤，坚持事业为上、公道正派，突出政治标准，注重专业能力、专业精神，持续防止“四唯”问题。第三，进一步完善和落实党内政治生活制度规定，把党内政治生活加强和规范起来，把政治纪律和政治规矩严明起来，推动全党发展积极健康的党内政治文化，全面净化党内政治生态。第四，进一步完善和落实全面从严治党的责任制度，党委要认真履行主体责任，纪委要认真履行监督责任，强化问责制度，坚持有责必问、问责必严，把监督检查、目标考核、责任追究有机结合起来，实现问责内容、对象、主体、程序、方式的制度化、程序化。

第六章

展望中华民族伟大复兴的光明前景

展望未来，在习近平新时代中国特色社会主义思想的科学指引下，在全体中华儿女勠力同心、奋力拼搏的共同努力下，中华民族伟大复兴必将展现出前所未有的光明前景，中华民族必将以更加昂扬的姿态屹立于世界民族之林，为人类作出新的更大贡献。

第一节

全面建成小康社会

全面建成小康社会、实现第一个百年奋斗目标，是我国社会主义现代化建设进程中重要的里程碑，是中国共产党对人民、对历史作出的庄严承诺。从党的十九大到二十大，是“两个一百年”奋斗目标的历史交汇期，这一历史交汇期是第一个百年奋斗目标全面实现、第二个百年奋斗目标起步开篇阶段，对于我国社会主义现代化进程具有特殊重要的意义。党的十九大报告指出，改革开放后，中国共产党对我国社会主义现代化建设作出战略安排，提出“三步走”战略目标。解决人民温饱问题、人民生活总体上达到小康水平这两个目标已提前实现。在这个基础上，到建党一百年时建成经济更加发展、民主更加健全、科教更加进步、文化更加繁荣、社会更加和谐、人民生活更加殷实的小康社会，然后再奋斗三十年，到新中国成立一百年时，基本实现现代化，把我国建成社会主义现代化国家。“两个一百年”奋斗目标的历史交汇期，我们既要全面建成小康社会、实现第一个百年奋斗目标，又要乘势而上开启全面建设社会主义现代化国家新征程，向第二个百年奋斗目标进军。

经济保持中高速增长。在提高发展平衡性、包容性、可持续性基础上，到2020年国内生产总值和城乡居民人均收入比2010年翻一番，主要经济指标平衡协调，发展质量和效益明显提高。产业迈向中高端水平，农业现代化进展明显，工业化和信息化融合发展水平进一步提高，先进制造业和战略性新兴产业加快发展，新产业新业态不断成长，服务业比重进一步提高。

创新驱动发展成效显著。创新驱动发展战略深入实施，创业创新蓬勃发展，全要素生产率明显提高。科技与经济深度融合，创新要素配置更加高效，重点领域和关键环节核心技术取得重大突破，自主创新能力全面增强，迈进创新型国家和人才强国行列。

发展协调性明显增强。消费对经济增长贡献继续加大，投资效率和企业效率明显上升。城镇化质量明显改善，户籍人口城镇化率加快提高。区域协调发展新格局基本形成，发展空间布局得到优化。对外开放深度广度不断提高，全球配置资源能力进一步增强，进出口结构不断优化，国际收支基本平衡。

人民生活水平和质量普遍提高。就业、教育、文化体育、社保、医疗、住房等公共服务体系更加健全，基本公共服务均等化水平稳步提高。教育现代化取得重要进展，劳动年龄人口受教育年限明显增加。就业比较充分，收入差距缩小，中等收入人口比重上升。我国现行标准下农村贫困人口实现脱贫，贫困县全部摘帽，解决区域性整体贫困。

国民素质和社会文明程度显著提高。中国梦和社会主义核心价值观深入人心，爱国主义、集体主义、社会主义思想广泛弘扬，向上向善、诚信互助的社会风尚更加浓厚，国民思想道德素质、科学文化素质、健康素质明显提高，全社会法治意识不断增强。公共文化服务体系基本建成，文化产业成为国民经济支柱性产业。中华文化影响持续扩大。

生态环境质量总体改善。生产方式和生活方式绿色、低碳水平上升。能源资源开发利用效率大幅提高，能源和水资源消耗、建设用地、碳排放总量得到有效控制，主要污染物排放总量大幅减少。主体功能区布局和生态安全屏障基本形成。

各方面制度更加成熟更加定型。国家治理体系和治理能力现代化取得重大进展，各领域基础性制度体系基本形成。人民民主更加健全，法治政府基本建成，司法公信力明显提高。人权得到切实保障，产权得到有效保护。开放型经济新体制基本形成。中国特色现代军事体系更加完善。党的建设制度化水平显著提高。

第二节

基本实现社会主义现代化

党的十九大报告提出，从2020年到2035年，在全面建成小康社会的基础上，再奋斗十五年，基本实现社会主义现代化。到那时，我国经济实力、科技实力将大幅跃升，跻身创新型国家前列；人民平等参与、平等发展权利得到充分保障，法治国家、法治政府、法治社会基本建成，各方面制度更加完善，国家治理体系和治理能力现代化基本实现；社会文明程度达到新的高度，国家文化软实力显著增强，中华文化影响更加广泛深入；人民生活更为宽裕，中等收入群体比例明显提高，城乡区域发展差距和居民生活水平差距显著缩小，基本公共服务均等化基本实现，全体人民共同富裕迈出坚实步伐；现代社会治理格局基本形成，社会充满活力又和谐有序；生态环境根本好转，美丽中国目标基本实现。

在经济建设方面，我国经济实力、科技实力将大幅跃升，跻身创新型国家前列。我国经济将保持中高速增长、产业迈向中高端水平，经济发展实现由数量和规模扩张向质量和效益提升的根本转变。社会主义市场经济体制将更加完善，全面开放新格局加快构建，经济活力明显增强。形成若干世界级先进制造业集群，全要素生产率明显提升，基本建成现代化经济体系。发展空间格局得到优化，以城市群为主体、大中小城市和小城镇协调发展的城镇化格局基本形成，基础设施体系更加完备，城市品质明显提升。科技创新能力持续增强，在2020年建成创新型国家之后，到2035年跃升至创新型国家前列。

在政治建设方面，人民平等参与、平等发展权利得到充分保障，法治国家、法治政府、法治社会基本建成，各方面制度更加完善，国家治理体系和治理能力现代化基本实现。党的领导、人民当家作主、依法治国达到高度有机统一。人民民主更加充分发展，人民代表大会和人民政协制度更加完善，民主选举、民主协商、民主决策、民主管理、民主监督得到有效落实，人权得到充分保障，人民积极性、主动性、创造性进一步发挥。政府公信力和执行力大为增强，人民满意的服务型政府基本建成。依法治国得到全面落实，科学立法、严格执法、公正司法、全民守法的局面基本形成。

在文化建设方面，社会文明程度达到新的高度，国家文化软实力显著增强，中华文化影响更加广泛深入。中国梦和社会主义核心价值观更加深入人心，爱国主义、集体主义、社会主义思想广泛弘扬，全体人民的文化自信、文化自觉和文化凝聚力不断提高。重视社会公德、职业道德、家庭美德、个人品德的社会风尚基本养成，人民思想道德素质、科学文化素质、健康素质显著提高。公共文化服务体系、现代文化产业体系和市场体系基本建成，中外文化交流更加广泛，中华文化“走出去”达到新水平。

在民生和社会建设方面，人民生活更为宽裕，中等收入群体比例明显提高，城乡区域发展差距和居民生活水平差距显著缩小，基本公共服务均等化基本实现，全体人民共同富裕迈出坚实步伐。实现幼有所育、学有所教、劳有所得、病有所医、老有所养、住有所居、弱有所扶的美好愿景，实现更高质量和更充分就业。我国进入高收入国家行列，人口预期寿命和国民受教育程度在较高水平基础上持续提升。现代社会治理格局基本形成，社会充满活力又和谐有序。政府治理和社会调节、居民自治良性互动，公平正义充分彰显，人民获得感、幸福感、安全感更加充实、更有保障、更可持续。

在生态文明建设方面，生态环境根本好转，美丽中国目标基本实现。清洁低碳、安全高效的能源体系和绿色低碳循环发展的经济体系基本建立，生态文明制度更加健全。绿色发展的生产方式和生活方式基本形成，能源、水等资源利用效率达到国际先进水平。大气、水、土壤等环境状况明显改观，生态安全屏障体系基本建立，生产空间安全高效、生活空间舒适宜居、生态空间山青水碧的国土开发格局形成，森林、河湖、湿地、草原、海洋等自然生态系统质量和稳定性明显改善。我国碳排放总量将在2030年左右达到峰值后呈下降态势，在应对全球气候变化和促进绿色发展中发挥重要作用。

第三节

建成社会主义现代化强国

党的十九大报告提出，从2035年到本世纪中叶，在基本实现现代化的基础上，再奋斗十五年，把我国建成富强民主文明和谐美丽的社会主义现代化强国。到那时，我国物质文明、政治文明、精神文明、社会文明、生态文明将全面提升，实现国家治理体系和治理能力现代化，成为综合国力和国际影响力领先的国家，全体人民共同富裕基本实现，我国人民将享有更加幸福安康的生活，中华民族将以更加昂扬的姿态屹立于世界民族之林。

展望2050年，我国将通过坚持不懈推进“五位一体”建设，全面提升我国社会主义物质文明、政治文明、精神文明、社会文明、生态文明。

我国将拥有高度的物质文明，社会生产力水平大幅提高，核心竞争力名列世界前茅，经济总量和市场规模超越其他国家，建成富强的社会主义现代化强国。

我国将拥有高度的政治文明，形成又有集中又有民主、又有纪律又有自由、又有统一意志又有个人心情舒畅生动活泼的政治局面，依法治国和以德治国有机结合，建成民主的社会主义现代化强国。

我国将拥有高度的精神文明，践行社会主义核心价值观成为全社会自觉行动，国民素质显著提高，中国精神、中国价值、中国力量成为中国发展的重要影响力和推动力，建成文明的社会主义现代化强国。

我国将拥有高度的社会文明，城乡居民将普遍拥有较高的收入、富裕的生活、健全的基本公共服务，享有更加幸福安康的生活，全体人民共同富裕基本实现，公平正义普遍彰显，社会充满活力又规范有序，建成和谐的社会主义现代化强国。

我国将拥有高度的生态文明，天蓝、地绿、水清的优美生态环境成为普遍常态，开创人与自然和谐共生新境界，建成美丽的社会主义现代化强国。

到那时，我国作为具有五千多年文明历史的古国，将焕发出前所未有的生机活力，实现国家治理体系和治理能力现代化，成为综合国力和国际影响力领先的国家，对构建人类命运共同体、推动世界和平与发展将作出更大贡献，中华民族将以更加昂扬的姿态屹立于世界民族之林。

参考文献

习近平，2013. 在纪念毛泽东同志诞辰120周年座谈会上的讲话 [N]. 人民日报，2013-12-27（1）.

习近平，2014. 在纪念邓小平同志诞辰110周年座谈会上的讲话 [N]. 人民日报，2014-08-21（1）.

习近平，2014. 习近平谈治国理政 [M]. 北京：外文出版社.

习近平，2017. 决胜全面建成小康社会 夺取新时代中国特色社会主义伟大胜利——在中国共产党第十九次全国代表大会上的报告 [N]. 人民日报，2017-10-28（1）.

习近平，2017. 习近平谈治国理政：第二卷 [M]. 北京：外文出版社.

习近平，2018. 在庆祝改革开放40周年大会上的讲话 [N]. 人民日报，2018-12-19（1）.

胡锦涛，2012. 坚定不移沿着中国特色社会主义道路前进 为全面建成小康社会而奋斗——在中国共产党第十八次全国代表大会上的报告 [N]. 人民日报，2012-11-18（1）.

江泽民，1997. 高举邓小平理论伟大旗帜 把建设有中国特色这会主义事业全面推向二十一世纪——中国共产党第十五次全国代表大会报告 [N]. 人民日报，1997-09-13（1）.

2016. 中华人民共和国国民经济和社会发展第十三个五年规划纲要 [M]. 北京：人民出版社.

《砥砺奋进的五年》编写组，2017. 砥砺奋进的五年——从十八大到十九大 [M]. 北京：中国统计出版社.

《〈中共中央关于坚持和完善中国特色社会主义制度 推进国家治理体系和治理能力现代化若干重大问题的决定〉辅导读本》编写组，2019.《中共中央关于坚持和完善中国特色社会主义制度 推进国家治理体系和治理能力现代化若干重大问题的决定》辅导读本 [M]. 北京：人民出版社.

本书编写组，2017. 党的十九大报告辅导读本 [M]. 北京：人民出版社.

本书编写组，2017. 党的十九大报告学习辅导百问 [M]. 北京：党建读物出版社，学习出版社.

本书编写组，2019. 党的十九届四中全会《决定》学习辅导四问 [M]. 北京：党建读物出版社，学习出版社.

陈野，2007. 中国农村合作医疗制度建立与发展研究 [M]. 太原：山西人民出版社.

国家统计局，2019. 沧桑巨变七十载 民族复兴铸辉煌——新中国成立70周年经济社会发展成就系列报告之一[R/OL].（2019-07-01）[2020-06-29]. http://www.gov.cn/xinwen/2019-07/01/content_5404949.htm.

国家统计局，2019. 文化事业繁荣兴盛 文化产业快速发展——新中国成立70周年经济社会发展成就系列报告之八[R/OL].（2019-07-25）[2020-06-29]. http://www.gov.cn/ xinwen/2019-07/25/content_5415076.htm.

国家统计局，2019. 2018年全国科技经费投入统计公报 [R/OL].（2019-08-30）[2020-06-29]. http://www.stats.gov.cn/tjsj/tjgb/rdpcgb/qgkjjftrtjgb/201908/t20190830_1694754.html.

国家统计局，2020. 中华人民共和国2019年国民经济和社会发展统计公报 [R/OL].（2020-02-28）[2020-06-29]. http://www.xinhuanet.com/fortune/2020-02/28/c_1125637788.htm.

何毅亭，2017. 新时代中国共产党的历史使命 [N]. 人民日报，2017-11-28.

胡鞍钢，鄢一龙，魏星，2011. 2030中国：迈向共同富裕 [M]. 北京：中国人民大学出版社.

黄永昌，1994. 中国卫生国情 [M]. 上海：复旦大学出版社.

蒋波，汤诗瑶，2017. 十九大代表聚焦文化建设发展：谱写中华文化新史诗 [EB/OL].（2017-10-20）[2020-06-29]. http://www.china.com.cn/19da/2017-10/20/content_41766792.htm.

寇江泽，姜波，2019. 中国为全球环境治理作出重要贡献 [N]. 人民日报，2019-12-05（3）.

凌胜利，杨帆，2019. 新中国70年国家安全观的演变：认知、内涵与应对 [J]. 国际安全研究（6）.

苗圩，2019. 我国工业和信息化的辉煌成就与宝贵经验 [N]. 人民日报，2019-10-08（9）.

聂新鑫，2019. “礼赞70年”系列报道①从站起来富起来到强起来 [N]. 中国纪检监察报，2019-08-01.

全国人大财政经济委员会办公室，国家发展和改革委员会发展规划司，2008. 建国以来国民经济和社会发展五年计划重要文件汇编 [M]. 北京：中国民主法制出版社.

人民日报评论员，2018. 新时代推进生态文明建设的重要遵循 [N]. 人民日报，2018-05-21（1）.

王金胜，2018. 学习宣传贯彻习近平生态文明思想 [N]. 大众日报，2018-06-14.

温美平，2012. 中国共产党金融思想研究 [M]. 上海：复旦大学出版社.

张威，2017. “一带一路”建设为世界经济发展注入正能量 [J]. 中国外资（9）.

中共中央文献研究室，2016. 习近平关于全面建成小康社会论述摘编 [M].

北京：中央文献出版社.

中共中央宣传部，2018. 习近平新时代中国特色社会主义思想三十讲 [M]. 北京：学习出版社.

中共中央宣传部，2019. 习近平新时代中国特色社会主义思想学习纲要 [M]. 北京：学习出版社，人民出版社.

中华人民共和国国防部，2019.《新时代的中国国防》白皮书 [R/OL].（2019-07-24）[2020-06-29]. http://www.mod.gov.cn/regulatory/2019-07/24/content_4846424.htm.

中华人民共和国国务院新闻办公室，2019. 新时代的中国与世界白皮书 [R/OL].（2019-09-27）[2020-06-29]. http://news.cnr.cn/native/gd/20190927/t20190927_524796523.shtml.

中华人民共和国科学技术部，2020. 2018 年我国企业创新活动特征统计分析 [R/OL].（2020-04-17）[2020-06-29]. http://www.most.gov.cn/kjbgz/202004/t20200417_153225.htm.

中华人民共和国农业部，2016. 农业部关于印发《“十三五”全国农业农村信息化发展规划》的通知 [R/OL].（2016-09-02）[2020-06-29]. http://www.cac.gov.cn/2016-09/02/c_1119498697.htm.

周国梅，2017. 发挥全球生态文明建设引领者作用 [N]. 中国环境报，2017-10-26.

PwC，2017. The long view：how will the global economic order change by 2050? [R/OL].（2017-02-16）[2020-06-29]. https:// www.pwc.com/gx/en/world-2050/assets/pwc-the-world-in-2050-full-report-feb-2017.pdf.

后 记

本书在国家发展改革委党组书记、主任何立峰同志的直接领导下，党组成员、副主任宁吉喆、胡祖才、丛亮的悉心指导和大力支持下，由国家信息中心刘宇南、张学颖、张宇贤、王远鸿、牛犁、吕欣等对编撰工作作出具体指导。本书编写进行了大量文献整理、理论研究、数据分析、专题探索。本书编写组深入学习研究习近平新时代中国特色社会主义经济思想的理论体系、科学内涵和逻辑方法，深刻把握中华民族从站起来、富起来到强起来伟大飞跃的历史实践，运用科学方法展望中华民族伟大复兴的光辉前景。在研究过程中，编写组多次召开专题会、研讨会、座谈会，力争做到博采众长、兼容并蓄。

本书各部分作者分工如下：第一章、第二章由马衍伟撰写，第三章由张晓兰撰写，第四章由赵硕刚撰写，第五章由胡拥军撰写，第六章由闫敏撰写。审稿人员：袁达、韩振海、赵怀勇、林楠、张志强、李志鸿、许先春、戚义明、赵则永、孙绪华、何建武、孙俊山、许寒、郭春丽、陈新年、孙长学。编辑人员：中国市场出版社郭爱东、宋涛。本书的成稿写作离不开国家发展改革委领导的悉心指导，丛书编写组的辛勤工作，审稿人员的细致校阅，国家信息中心团队的深入研究，出版社的大力支持，是集体心血的凝聚和结晶。

本书编写组

2020年8月

学习贯彻习近平新时代中国特色社会主义经济思想

做好“十四五”规划编制和发展改革工作

| 系列丛书 |

编委会